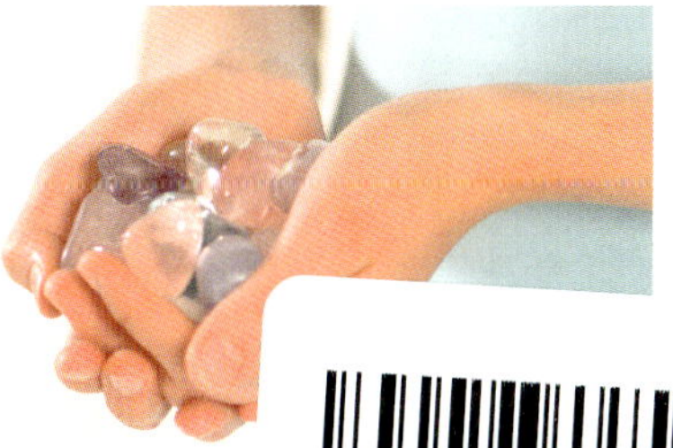

W0333623

**Bewährte Edelsteine für die Schönheit 86**

Ziel der Edelstein-Balance 88
Achat 89
Amazonit 89
Amethyst 89
Aquamarin 89
Aventurin 90
Bergkristall 90
Bernstein 90
Blauquarz 91
Calcit (orange) 91
Chalcedon blau 91
Chrysokoll 92
Chrysopras 92
Citrin 92
Dumortierit 92
Epidot 93
Fluorit 93
Hämatit 93
Halit 94
Heliotrop 94
Jaspis rot 94
Kabamba Jaspis 95
Magnesit 95
Malachit 95
Mondstein 95
Mookait 96
Moosachat 96
Nephrit 96
Obsidian 97
Ozeanachat (Ozeanjaspis) 97
Prasemquarz 97
Rauchquarz 98
Rhodonit 98
Rosenquarz 98
Rubin-Disthen-Fuchsit 98
Serpentin 99
Smaragd 99
Sodalith 99
Sonnenstein 99
Tigereisen 100
Topas 100
Turmalin grün (Verdelith) 100
Turmalin schwarz (Schörl) 100
Turmalinquarz 101
Versteinertes Holz 101
Zoisit mit Rubin 101
Reinigung und Pflege 102

*Die Autorin 104*
*Dank 105*
*Literatur 106*
*Adressen 107*

# Schönheit durch Berühren

Schönheit ist der Ausdruck des Wohlbefindens, der Lebensfreude und inneren Harmonie. Das bedeutet nicht, daß schöne Menschen niemals traurig oder unglücklich wären – nein, es bedeutet vielmehr, daß Wohlbefinden und Harmonie die jedem Menschen innewohnende Schönheit erst so richtig aufblühen lassen. Daher können Massagen und Wellnessbehandlungen »schön machen«, eine echte, tiefe innere Schönheit ans Licht bringen.

Monika Grundmann versteht als ganzheitliche Kosmetikerin, diese innere Schönheit zu wecken. Massage als »Kunst der Berührung«

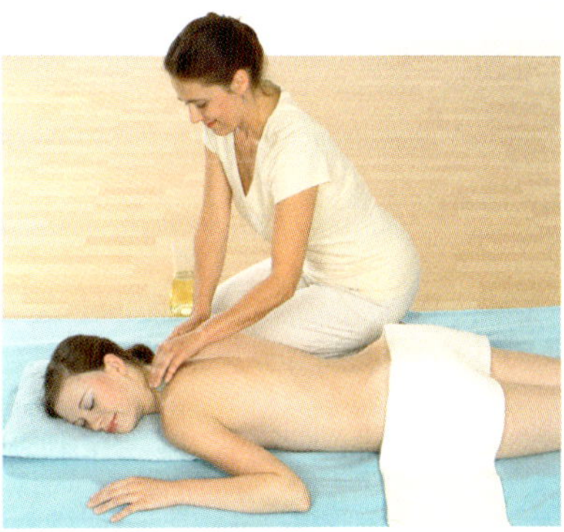

(arabisch »massa« = »berühren«) ist für sie eine wichtige Hilfe, körperliches und seelisches Wohlbefinden zu erreichen. Denn Körper, Seele und Geist sind eine Einheit, in der sich alle Befindlichkeiten stets auf allen Ebenen auswirken. »Natürlich kann ich das Leben meiner Kundinnen nicht verändern«, sagt sie, »doch nach einer wirklich wohltuenden Massage geht man trotz Streß und Sorgen wieder anders an das Leben heran. Und Schönheit wird durch Schönheit genährt: Wenn wir Schönes erleben, können wir Schönheit wieder wahrnehmen und auch zum Ausdruck bringen.«

Und schön sind ihre Massagen! Bei Monika Grundmann sitzt jeder Griff und man spürt ihr die Sicherheit und Erfahrung vieler Jahre an. Ihre Massagen sind das Resultat jahrelanger intensiver Beschäftigung. Während ihrer Zeit als selbständige Kosmetikerin besuchte sie mehrjährige Ausbildungen in Shiatsu, Reflexzonenmassage, Aroma-Massage, Farb- und Klang-Therapie, Lymphdrainage, Steinheilkunde, Individueller Therapie und jüngst nun die der Aurum Manus® Therapie bei Ricky Welch. Seit fast 20 Jahren ist Massieren ein fester Bestandteil ihres Lebens.

Ob Muskeln, Sehnen, Gelenke, Bindegewebe, Haut und Lymphe oder eben Reflexzonen und Meridiane: Die Beschaffenheit des Körpers ist für Monika Grundmann ein offenes Buch, in dem sie nicht nur körperliche,

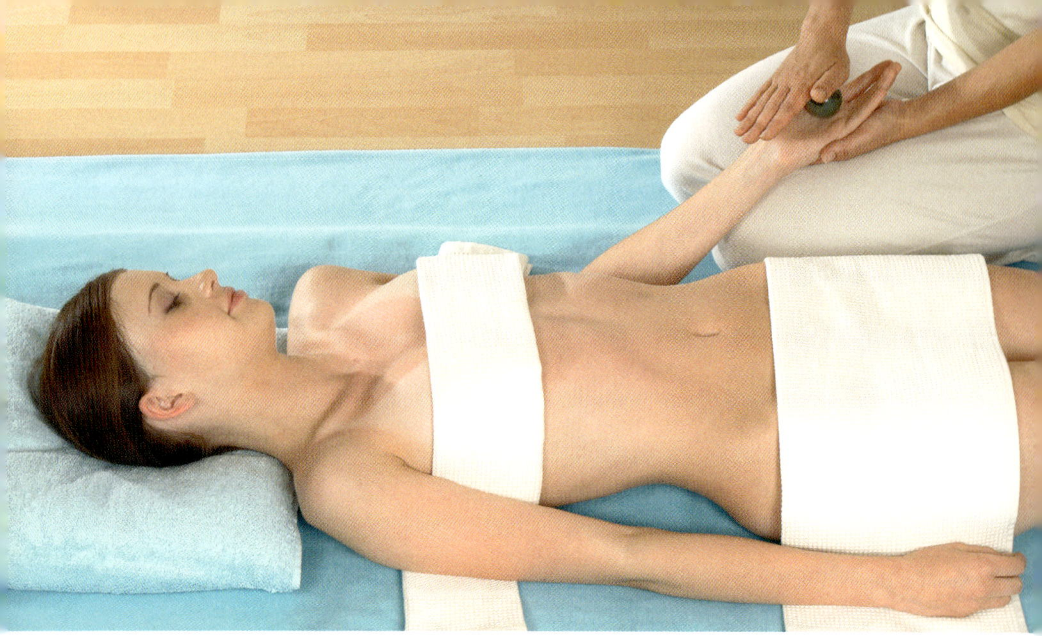

sondern auch seelische Befindlichkeiten zu lesen versteht. Aus diesem Verständnis sind ihre eigenen Massagen gewachsen, in die sie seit zehn Jahren auch Edelsteine mit einbezieht. »Durch das Zusammenwirken von Edelsteinen und Massageanwendungen kann ich in einer einzigen Massage Dinge bewirken, die sonst nur nach vier oder fünf Behandlungen möglich wären!« sagt sie und beweist es auch umgehend in der Tat. Ihre Kundinnen wissen und schätzen dies, und trotz mancher anfänglicher Skepsis gegenüber den Steinen sind die meisten längst überzeugt.

Ziel der Edelsteinmassagen von Monika Grundmann ist Wohlbefinden. Nicht nur ein momentanes als Resultat der Massage, sondern ein möglichst dauerhaftes, das Widrigkeiten standhalten kann und uns mehr Gelassenheit für die Herausforderungen des Lebens schenkt. Ein solches Wohlbefinden kann nur auf der Basis innerer Harmonie entstehen. Doch was bedeutet »innere Harmonie«? Harmonie empfinden wir, wenn verschiedene Anteile in einem ausgewogenen Verhältnis zueinander stehen, wenn wir Überschuß (»zu viel«) und Mangel (»zu wenig«) ausbalancieren oder ausgleichen können. Aus diesem Grund nennt Monika Grundmann ihr System »Edelstein-Balance«: *Schönheit durch Wohlbefinden – Wohlbefinden durch innere Harmonie – Harmonie durch die Balance verschiedener Wesens- und Lebensanteile.*

Da alle Wesens- und Lebensaspekte sich in den Befindlichkeiten unseres Körpers widerspiegeln, können wir mit Massagen Körper, Seele und Geist zugleich erreichen. Dieses ganzheitliche Verständnis ist Grundlage der »Edelstein-Balance« nach Monika Grundmann. Daher hilft ihre Rückenmassage, sich »den Rücken freizuhalten«, ihre Gesichtsmassage erleichtert, »das Gesicht zu zeigen«, und ihre Bein- und Fußmassage ermöglicht, »auf die Füße zu kommen«. Die bewußt einfach gestalteten Anwendungen der »Edelstein-Balance« sind keine Therapie im medizinischen Sinne, sondern ein Entspannungs- und Erholungsprogramm für den Körper verbunden mit einer Ermutigung für Seele und Geist, »sich selbst zu sein!« Und wenn wir sind, wer wir sind, dann sind wir schön. So einfach ist das.

Ich freue mich sehr, daß Monika Grundmann ihre »Edelstein-Balance« nun veröffentlicht und auch in Seminaren und Ausbildungen zugänglich macht (siehe Anhang). Ihre Edelsteinmassagen sind ausgereift, leicht zu erlernen und gut nachzuvollziehen. Sie lassen sich im privaten Umfeld ebensogut einsetzen wie in der Kosmetikpraxis oder in dem Konzept einer

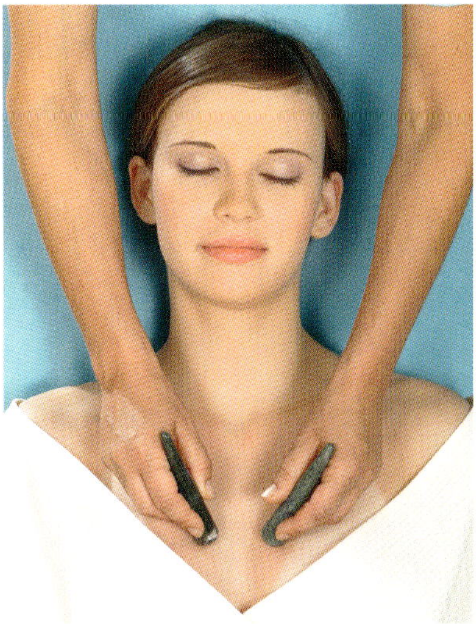

Schönheits-Farm. Auch können die sieben Abschnitte der »Edelstein-Balance« als einzelne Sequenzen angewandt werden, wenn wir wenig Zeit haben oder nur einen bestimmten Aspekt stärken wollen: den Kontakt zur Außenwelt, das Freiheitsgefühl oder die »Sonne im Bauch«. Am schönsten ist jedoch die Ganzkörpermassage. Und was schön ist, macht schön...

*Tübingen, Frühjahr 2006*
*Michael Gienger*

# *Die Edelstein-Balance*

Schönheit kommt von innen. Abgehetzt, unter Streß, übernächtigt oder von Sorgen geplagt, wird der Blick in den Spiegel schnell zum Alptraum – und alles Übertünchen zur hilflosen Makulatur. In meinem Beruf als Kosmetikerin bin ich oft gefordert, in nur kurzer Zeit die Voraussetzungen zu schaffen, daß sich die allen Menschen innewohnende Schönheit wieder frei entfalten kann. Das ist nicht allein mit Kosmetika zu schaffen, dafür bedarf es vor allem einer inneren Entspannung und Ausgeglichenheit. Aus dieser Situation heraus entstand im Laufe der Jahre eine Reihe von Massagen mit Edelsteinen, die ich heute »Edelstein-Balance« nenne.

*Schönheit kommt von innen*

Das Wort »Kosmetik« ist abgeleitet von griechisch »kosmein«, das heißt »ordnen und schmücken« – und genau in dieser Reihenfolge ist wahre Schönheitspflege auch zu verstehen. Erst ordnen, dann schmücken. Wenn wir in der Kosmetik das »Ordnen« gut praktizieren, dann ist das »Schmücken« ästhetisches Beiwerk und nicht die eigentlich notwendige Schönheitspflege. Dann entsteht Schönheit durch inneres Wohlbefinden und nicht durch äußere Korrekturen. In meiner täglichen Arbeit als Natur-Kosmetikerin und Gesundheitsberaterin geht es nicht um das »Heilen« mit Steinen im medizinischen Sinne, jedoch kann ich aus Erfahrung sagen, daß nach Behandlungen immer wieder Rückmeldungen kommen, wie »weniger Migräne-Anfälle«, »bessere Streßbewältigung«, »weniger Verdauungsprobleme usw.«. Kein Wunder, daß die Schönheitspflege dann bessere und dauerhaftere Resultate erzielt.

Ich verstehe die Edelstein-Balance als gezielte Prophylaxe zur Erhaltung der Gesundheit und Schönheit. Wenn ich massiere, nehme ich die Empfindungen meiner Massagepartnerin auf und gebe mich als ganzer Mensch in den Fluß der Hände hinein. Beim Tun kommt dann alles, was ich gelernt habe, intuitiv und von alleine zusammen. Oftmals fallen mir Zusammenhänge und

Erklärungen ein, die ich in meinen Ausbildungen gelernt, aber längst vergessen hatte. So lasse ich je nach Impuls und Erfordernissen die Anwendung von Farben, Aromaölen, Bachblüten und Klang mit in die Behandlung einfließen.

Das ist das Schöne an der Edelstein-Balance: Jeder kann sie gemäß der individuellen Persönlichkeit und Situation erfolgreich einsetzen und sie dem eigenen Kenntnisstand entsprechend erweitern und ergänzen. Das gilt für HeilpraktikerInnen, MasseurInnen, KosmetikerInnen ebenso wie für Menschen, die einfach »nur« Freude am Massieren haben.

*Edelstein-Balance, eine ganzheitliche Massage*

## Warum ist Schönheit durch Berühren möglich?

Die Haut ist mit knapp zwei Quadratmetern unser größtes Sinnesorgan. Sie ist übersät mit Sinneszellen, die in empfindlichen Regionen wie dem Gesicht und den Händen viel näher beieinanderliegen, als beispielsweise am Rücken. Selbst feine sensorische Eindrücke werden so blitzschnell von der Haut zum Gehirn geleitet. Bei intensiver Berührung wird dort dann ein regelrechter Hormoncocktail bestehend aus Dopamin, Oxyticin und Endorphinen zubereitet und in die Blutbahn ausgeschüttet. Diese Hormone sorgen für Leichtigkeit und Glücksgefühle und somit auch für emotionalen Aufschwung. Laut Universitäts-Studien spricht außerdem das Nervennetz unseres Körpers besonders stark auf langsame Bewegungen an. Wir sind heutzutage umgeben von flüchtigen Bewegungen, schnellem Bildwechsel und Sinnesreizen, die zunächst zu Streß und letztendlich zur Abstumpfung führen. Bei der Edelstein-Balance werden Edelsteine dagegen in ruhigen und achtsamen Bewegungen kreisend, streichend oder sanft drückend über die Haut geführt. Dadurch wird die bewußte Wahrnehmung wieder aktiviert, und schon nach kurzer Zeit tritt Entspannung ein. Dies ist deutlich im Gesichtsausdruck erkennbar, der offener, gelöster, natürlicher und damit auch schöner wird!

*Wohlbefinden zeigt sich im Gesicht*

Darüber hinaus besteht ein klarer Zusammenhang zwischen Psyche und Immunsystem. Selbst die Meinung, die Neigung zu Depressionen sei erblich bedingt, verliert ihren Schatten, wenn man bedenkt, daß diese Anlagen nur durch die Interaktion mit der Umwelt aktiv werden. In der Edelstein-Balance haben wir die besten Möglichkeiten, die Beziehung des Menschen zu seinem Körper und zu seiner Umwelt zu verbessern. Und das ganz ohne den oftmals hinderlichen Erwartungsdruck, da wir ja keine »Heilbehandlung«, sondern eine Kosmetik- bzw. Wellnessmassage durchführen. Die Edelstein-Balance wirkt berührend und hilft, sich auch vom Leben und unseren Mitmenschen wieder berühren zu lassen. Dadurch wird das Leben schöner – und wir logischerweise auch!

Auf die oft gestellte Frage, ob ich denn etwas gegen die kommenden Falten tun könne, antworte ich immer: »Es gibt optimistische Falten und pessimistische Falten – und wir werden zusehen, daß es optimistische Falten werden«. Ich finde, es gibt alte Menschen, deren Gesicht von Falten übersät ist, aus welchen jedoch Lebenserfahrung, Würde, Weisheit und Schönheit strahlt. Es

*Schöner werden …*

Leuchtende Augen

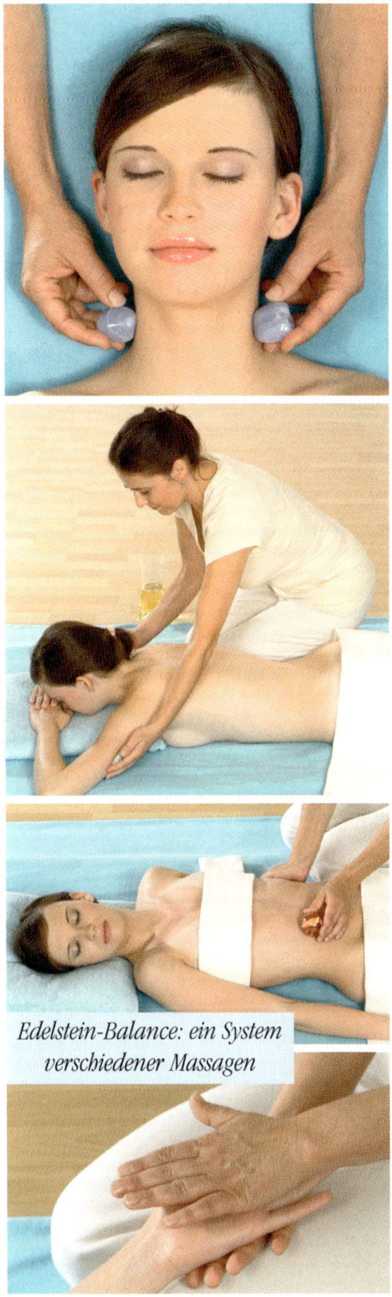

Edelstein-Balance: ein System verschiedener Massagen

begeistert mich immer wieder, wie verändert meine KundInnen nach der Edelstein-Balance aussehen. Die Gesichtszüge wirken weicher, die Augen leuchten, die ganze Haltung ist aufrechter und der Gang leicht und beschwingt. Genau dieses Gefühl der inneren Harmonie ist Ziel der Edelstein-Balance. Das ist es, was »schön« macht!

Die Edelstein-Balance ist so konzipiert, daß sie sich gut in verschiedene Wellness-Behandlungen einbauen läßt, und ihre Bestandteile auch einzeln eingesetzt werden können, z. B. als Handbehandlung, Fußbehandlung, Gesichtsbehandlung, Rückenbehandlung u. v. m.

Bei meinen kosmetischen Behandlungen ist beispielsweise die Gesichtsreinigung als fester Bestandteil »Pflicht« und die eigentliche Wellnessanwendung »Kür«, sie ist für meine KundInnen jeweils maßgeschneidert. Dabei stehen mir viele über die Jahre entwickelte Module zur Verfügung, die ich nach Bedarf einsetzen kann. Es ist wie eine Symphonie, die erst komponiert wird, wenn man die Bedürfnisse der Massagepartnerin erspürt hat.

## Wie ist die Edelstein-Balance entstanden?

In meiner täglichen Arbeit als Kosmetikerin und Gesundheits-Beraterin ist der Einsatz von Edelstein-Massagen fester Bestandteil meines Behandlungsspektrums. Die Edelstein-Balance basiert einerseits auf den Kenntnissen aus meiner Steinheilkundeausbildung bei Michael Gienger, andererseits auf bewährten Massagegriffen, die ich in den letzten 15 Jahren erlernen durfte. Die Erfahrung hat gezeigt, daß es noch wirkungsvoller ist, zwischen den Edelsteinanwendungen bzw. den Massagen mit Edelsteinen auch

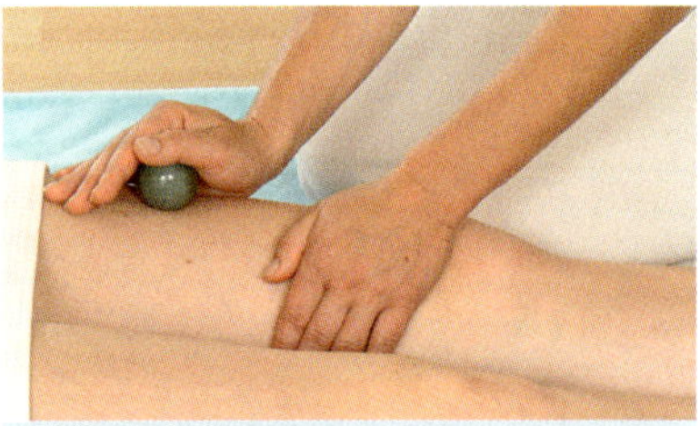

*Massage im Wechsel von Hand und Stein*

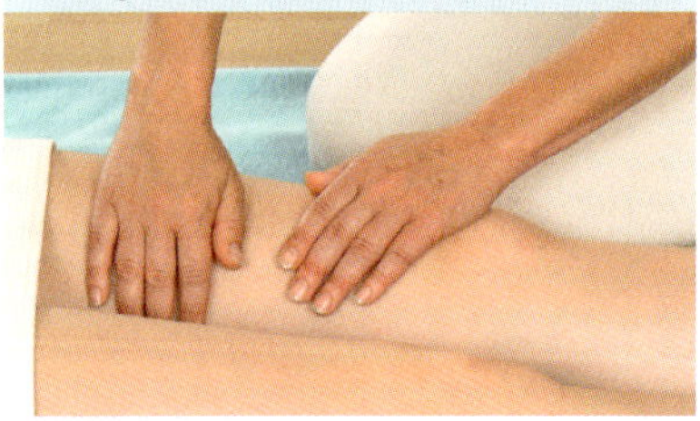

Berührungen bzw. Massagegriffe mit der Hand auszuführen. So habe ich diese Behandlungsform »Edelstein-Balance« genannt.

Da es in der täglichen Praxis nicht immer möglich ist, eine komplette Edelstein-Balance von etwa zwei Stunden durchzuführen, nehme ich bei Bedarf einzelne Abschnitte heraus oder verkürze die Edelstein-Balance entsprechend. Immer jedoch massiere ich einen Abschnitt zu Ende. So behandle ich z.B. – wenn nötig – beide Beine etwas kürzer, aber auf jeden Fall beide, niemals nur ein Bein! Oder ich behandle nur das Gesicht, die Füße, den Bauch oder den Rücken. Wichtig ist außerdem immer, die Massage harmonisch, ruhig und achtsam durchzuführen.

Ich möchte Ihnen hier sieben grundlegende Abschnitte der Edelstein-Balance vorstellen. Auf der Basis dieser sieben Edelstein-Massagen können Sie mit Intuition und zunehmender Erfahrung Ihre eigene Edelstein-Massage entwickeln und vervollständigen. Alle Kenntnisse, die Sie besitzen – von der klassischen Massage bis zu Akupressur und Meridianbehandlungen – können Sie selbstverständlich mit einbeziehen.

Die Edelstein-Balance ist eine Weiterentwicklung aus Massage und Edelsteinanwendung. Aus den vorgestellten Massagen können einzelne Abschnitte

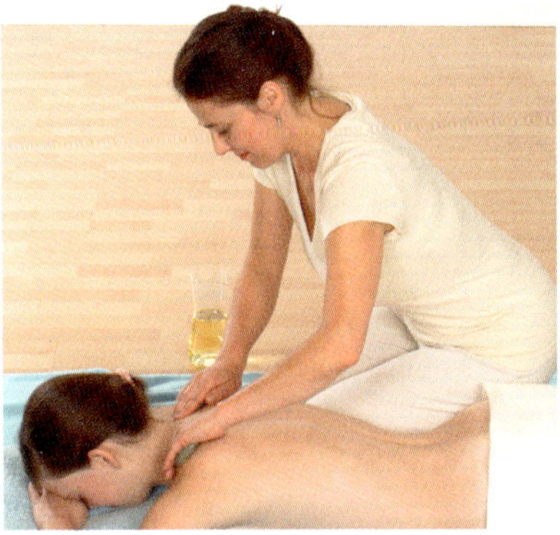

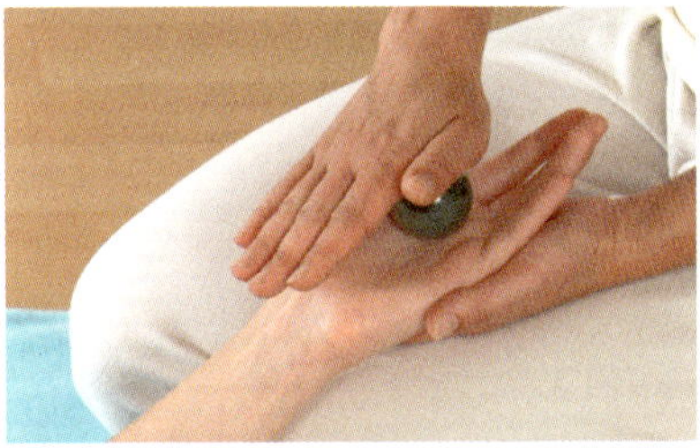

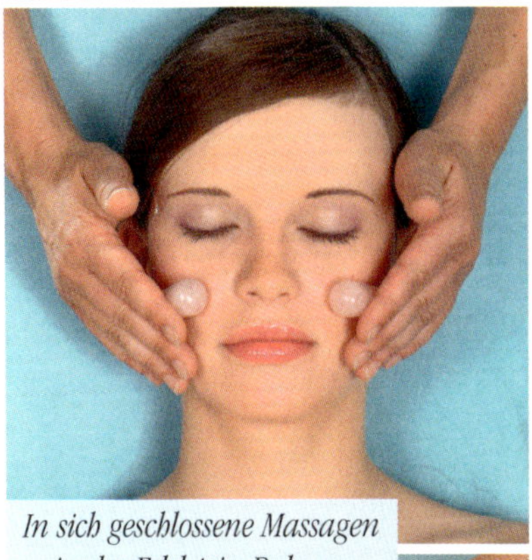

*In sich geschlossene Massagen in der Edelstein-Balance*

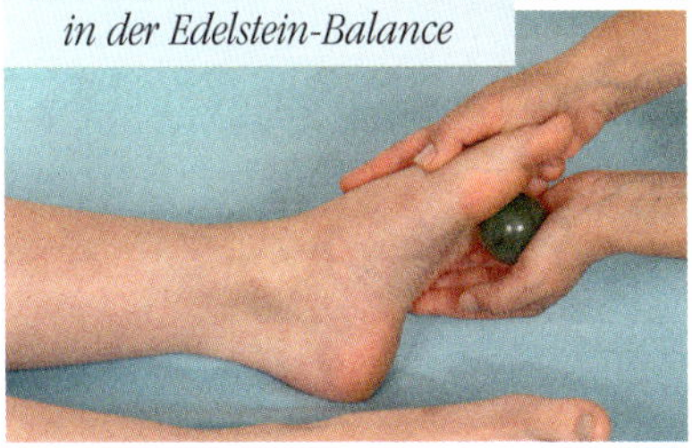

herausgenommen und für individuelle Behandlungen eingesetzt werden (z. B. Rücken-, Hand-, Gesichts- oder Fußbehandlungen). Umgekehrt kann die Edelstein-Balance problemlos durch weitere Anwendungen ergänzt werden.

## Braucht man für die Edelstein-Balance Massageöle?

Eine der ersten Fragen in meinen Seminaren dreht sich immer darum, ob bei Edelsteinmassagen mit oder ohne Öl massiert wird. Grundsätzlich hat beides seine Berechtigung. Öl verbessert das Gleiten der Steine und wirkt (bei guter Qualität) selbst harmonisierend auf Haut und Körper. Dennoch gibt es Situationen, in denen die Oberflächenspannung der Haut unverändert bleiben sollte, sei es für den therapeutischen Effekt (z. B. bei der Vitalkörpermassage) oder für die Wahrnehmung und Diagnose (z. B. bei der Reflexzonenmassage). Mehr dazu siehe Michael Gienger, »Edelstein-Massagen«, Neue Erde 2004. Bei der Edelstein-Balance ist das warme Öl jedoch ein Segen, da es die Entspannung ungemein fördert und vertieft.

Schon während meiner Steinheilkunde-Ausbildung bei Michael Gienger vor zehn Jahren begann ich, Edelsteine in meinen ganzheitlichen Kosmetik-Behandlungen einzusetzen. Ich massierte mit angewärmten

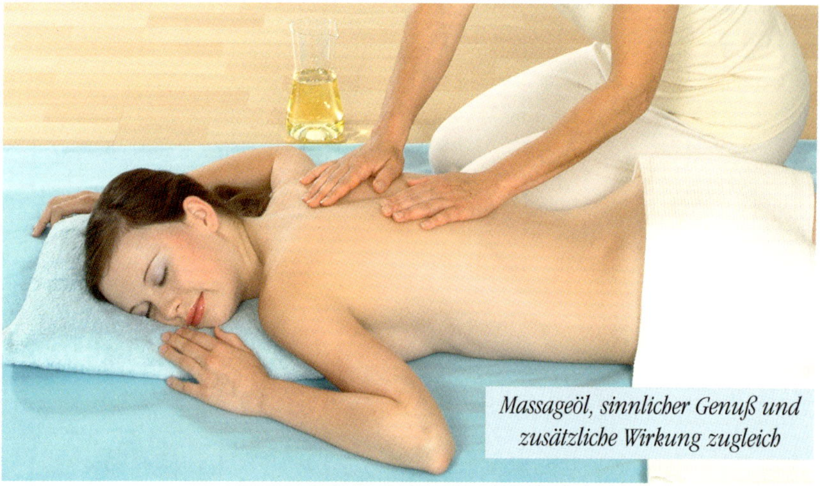

*Massageöl, sinnlicher Genuß und zusätzliche Wirkung zugleich*

und kühlen Edelsteinen. Beim Experimentieren mit Cremes und Ölen als Gleitschiene bewährten sich Pflanzenöle letztendlich am besten. So entstanden nach und nach bestimmte Edelsteinöle in Verbindung mit ätherischen Ölen. Durch meine Arbeit als Aromatherapeutin drängte sich diese Kombination förmlich auf und wurde durch gute Resultate mehrfach bestätigt. Für mich nach wie vor sehr eindrücklich sind z. B. Edelsteinmassagen mit Rosenquarz und Rosen-Massageöl. Bei diesen Massagen geht das Herz auf und eine tiefe Sinnlichkeit entsteht, daß man die ganze Welt umarmen möchte. Stein, Öl und Blütenessenz verstärken sich hierbei gegenseitig.

## Steine und Öle in Kombination

Besonders ausgezeichnet für die Edelstein-Balance sind Öle, in denen Edelsteine angesetzt wurden. Wird ein hochwertiges Öl mit einem sorgfältig gereinigten Stein über längere Zeit an einen warmen Ort gestellt, nimmt das Öl Informationen des Edelsteins

*Das Rosen-Trio*

an und entwickelt dadurch eigene Wirkungen. Wenn Sie in der Massage nun mit einem der Edelsteine arbeiten, die in dem betreffenden Öl angesetzt waren, verstärkt sich deren gemeinsames Thema und die Edelstein-Balance bekommt eine wunderbare eigene Note.

Die folgenden Edelstein-Massageöle haben sich in der Edelstein-Balance besonders bewährt. Sie können diese Ölmischungen im Fachhandel erwerben. Für die Massagen können Sie die Öle nach den verwendeten Steinen oder nach ihrem Thema auswählen.

## Gelassenheit

*Blauquarz, Dumortierit, Magnesit*

Dieses Öl verhilft zu tiefer Entspannung, es fördert das Loslassen und verhilft rastlosen Gemütern zum notwendigen Abstand und zur inneren Ruhe. Ein wunderbares Öl nach einem anstrengenden Tag. Hilft, das Leben von der positiven Seite zu sehen. Sehr gut einsetzbar bei streßbedingten Hautreaktionen.

*Blauquarz, Dumortierit, Magnesit*

## Geborgenheit und Schutz

*Weißer Achat, Nephrit, Serpentin*

Dieses Öl vermittelt Schutz und Geborgenheit und stärkt das Selbstvertrauen. Es hilft, die eigene Mitte zu finden und fördert die Empfindungs- und Hingabefähigkeit. Es vermittelt Ausgeglichenheit und inneren Frieden. Es hilft, sich selbst besser wahrzunehmen und macht kreativ. Ein schönes Öl auch für cholerische Temperamente.

*Weißer Achat, Nephrit, Serpentin*

*Epidot (Unakit), Ozeanachat, Zoisit mit Rubin*

## Regeneration

*Epidot (Unakit), Ozeanachat, Zoisit mit Rubin*

Dieses Öl bringt die notwendige Energie, um wieder auf die Beine zu kommen. Es stärkt die Regeneration auf jeder Ebene und macht leistungsfähig und belastbar. Besonders gut einsetzbar, um Krisen zu überwinden, entschlossen an sich zu arbeiten und wieder freudig am Leben teilzuhaben.

*Aventurin, Magnesit, Rauchquarz*

## Anti-Streß

*Aventurin, Magnesit, Rauchquarz*

Dieses Öl hilft vor allem bei der Streßbewältigung, macht belastbarer und man kann mit der notwendigen Ruhe die Dinge gestärkt angehen. Es hilft, dem unausweichlichen Alltags-Streß ohne Nervosität und Angst gelassen standzuhalten.

*Granat, Rubin, Rosenquarz*

## Lust und Lebensfreude

*Granat, Rubin, Rosenquarz*

Ein Öl, das hilft, das Leben kraftvoll, heiter, sinnlich und freudig zu gestalten. Melancholie hat keine Chance. Es hilft, mit Mut und viel Liebe das eigene Leben zu leben.

*Chalcedon blau,*
*Bernstein, Sodalith*

## In Fluß kommen

*Blauer Chalcedon, Bernstein, Sodalith*

Dieses Öl eignet sich besonders, um etwas ins Fließen zu bringen, sei es körperlicher, seelischer oder geistiger Art. Viele Unpäßlichkeiten entstehen durch »Stau«, durch Blockaden auf körperlicher, seelischer oder geistiger Ebene. Das Öl ist daher auch in der Lymphdrainage und Kosmetik wunderbar einzusetzen.

*Chrysopras,*
*Fluorit grün, Peridot*

## Jungbrunnen

*Chrysopras, grüner Fluorit, Peridot*

Unser Wohlbefinden hängt oft stark vom Grad der Verschlackung unseres Körpers ab. Dieses Öl eignet sich perfekt für Entschlackungs- und Entgiftungs-Behandlungen und sollte bei keiner Entschlackungs-Kur fehlen. In diesem Sinne verhilft es auch zu einer schöneren Haut. Es ermöglicht nicht nur dem Körper, sich von Schlacken zu befreien, es begünstigt auch, wie jede Entschlackung, das »Hinauswerfen« alter unbrauchbarer Verhaltensmuster, um schließlich das eigene Leben frei und eigenständig zu leben.

*Edelsteinöle – spezielle Kompositionen für die Edelstein-Balance mit den obengenannten Steinen.*

In der Kombination von Steinen und Ölen sind der Phantasie und Intuition keine Grenzen gesetzt. Probieren Sie z. B. auch einmal das Öl »Lust und Lebensfreude« mit Granat und Rubin bei kalten Füßen. Oder das Öl »Regeneration« nach einer zu kurzen Nacht. Edelsteinöle sind im Kosmetik- und Mineralienhandel erhältlich (Bezugsquellen siehe Anhang) oder können selbst hergestellt werden. Legen Sie dazu einen gereinigten (manuell gebürsteten und energetisch nach einem Tag auf einem Amethyst-Drusenstück gereinigten) Heilstein Ihrer Wahl in 50 ml hochwertiges Pflanzenöl (z. B. in Jojoba-Öl, da dieses nicht so schnell ranzig wird). Lassen Sie das Öl mit dem Stein anschließend vier Wochen an einem warmen und hellen Platz stehen. Der Platz sollte so strahlungsarm und so unbelastet wie möglich sein. Nach etwa vier Wochen hat das Öl deutlich die Information des Steins angenommen und kann nun verwendet werden. Der Stein kann dabei in dem Gefäß bleiben, bis das Öl aufgebraucht ist. Anregungen zu den Wirkungen der verschiedenen Steine finden Sie am Ende dieses Kapitels.

*Edelsteinöle selbst herstellen*

**Wichtig:** Paraffinöle eignen sich meiner Erfahrung nach nicht, da sie weder besonders gut einziehen noch im Normalfall der Haut förderlich sind, ja sogar die Hautfunktion herabsetzen können. Außerdem wirken Sie durch ihre Zusammensetzung eher hemmend auf die Edelsteinwirkung. Es sollte also immer bestes Pflanzenöl sein. Bei meinen Mischungen habe ich mich für Jojoba-Öl entschieden. Es ist zwar etwas teurer, hat jedoch den Vorteil, daß es so gut wie nie ranzig wird. Da es außerdem fast keinen Eigengeruch hat, kommen die beigefügten ätherischen Öle am besten zur Geltung. Sollten Sie einmal alle Massageöle aufgebraucht haben, tut es auch mal ein gutes Olivenöl aus dem Küchenschrank…

Und keine Angst, bei einem guten Öl trieft Ihre Massagepartnerin nach der Massage nicht, sofern Sie nicht eine ganze Flasche verwenden... Sie werden staunen, wie viel gutes Öl die Haut aufnehmen kann. Sehr angenehm und wohltuend ist es auch, wenn die Haare bei der Massage ausgestrichen werden. Das kann allerdings zur Folge haben, daß die Frisur nach der Edelstein-Balance nicht mehr so sitzt wie vorher, aber das fällt bei den entspannten und zufriedenen Gesichtern der MassagepartnerInnen ohnehin nicht mehr so ins Gewicht...

*Hochwertige Massageöle*

Die Edelstein-Balance wird mit angewärmtem Öl durchgeführt. Sie benötigen ein gutes hochwertiges Pflanzenöl (Sesamöl, Mandelöl, Jojobaöl usw.) oder ein auf dieser Basis selbst hergestelltes bzw. käufliches Edelstein-Öl.

## Warme und kalte Steine

Die Wirkung der Edelstein-Balance erhöht sich durch das Erwärmen des Öls und der Steine. Durch die Wärme vertieft sich die Entspannung, und die MassagepartnerInnen öffnen sich für die Wirkung der Steine. In manchen Edelstein-Massagen wird zusätzlich zu den warmen Steinen auch bewußt mit Kältereizen gearbeitet, die, richtig angewandt, eine sinnvolle Sache sind.
In der Edelstein-Balance setze ich jedoch zu den erwärmten Steinen keine gekühlten, sondern nur Steine mit Zimmertemperatur ein, die sich im Kontrast zu den warmen Steinen für die Massagepartnerin sowieso eher kühl anfühlen. Diese Steine verwende ich ganz gezielt und meist nur kurz, z. B. als Abschluß der Gesichtsbehandlung um die Augen. Sie geben ein unglaubliches Frischegefühl für die Massagepartnerin und bringen am Ende der Massage auf leichte und angenehme Weise »in die Gegenwart zurück«. Außerdem wird so die Durchblutung und Sauerstoffzufuhr im Gewebe gefördert.

Wie werden die Steine am besten angewärmt? Ich habe vieles ausprobiert und bis vor kurzem erschien mir das warme Wasserbad auf einem Stövchen noch als die beste Variante, denn das Erwärmen mit elektrischen Geräten birgt die Gefahr der Elektrosmog-Übertragung auf den Stein. Inspiriert durch eine Fortbildung bei Ricky Welch zur Aurum Manus® Therapeutin lege ich die Steine heute in ein Schüsselchen mit Massageöl, welches durch ein Teelicht erwärmt wird. Ich habe damit nun die besten Erfahrungen gemacht (Bezugsquellen siehe Anhang). Wie bereits erwähnt, erscheint zeitgleich ein Buch von Ricky Welch über die Aurum Manus® Therapie, bei der mit warmem Öl und Edelsteinkugeln massiert wird (Neue Erde 2006). Dieses Buch möchte ich Ihnen in diesem Zusammenhang sehr ans Herz legen.

*Utensilien für die Edelstein-Balance*

Für eine komplette Edelstein-Balance benötigen Sie:

* Ungefähr 30 ml warmes Öl pro Schale,
* zwei warme Edelstein-Griffel für die Füße (es reicht, wenn die stumpfen Enden ins Öl gelegt werden) und nochmals zwei Griffel für das Gesicht,
* zwei warme Seifensteine,
* ein bis zwei warme Edelsteinkugeln,
* einen glatten Stein oder eine Kugel mit Zimmertemperatur für den Kältereiz (z. B. Bergkristall-Scheiben oder -Trommelsteine),
* eine Schale für die Fuß-Griffel und die Seifensteine,
* eine zweite Schale für die Gesichts-Griffel und die Kugel(n) .

Oder alternativ zu den Öl-Schalen:

* Zwei Stövchen mit Wasser zum Erwärmen der Steine
* Zwei Stövchen zum Erwärmen der Öle

Beginnen sie aber ruhig zunächst mit einer Schale und weniger Steinen, solange sich Ihre »Sammlung« noch in Grenzen hält.

## Das Ambiente

Für die Edelstein-Balance liegt die Massagepartnerin am besten auf einer Liege, die von allen Seiten zugänglich ist. Auch auf dem Boden kann massiert werden, wenn wir entsprechende Körperhaltungen gewohnt sind. Wärme, Ruhe und bequeme Lagerung sind, wie bei jeder Massage, wichtig. Bitte achten Sie darauf, vor dem eigentlichen Beginn alles, was Sie für die Massage brauchen, in Reichweite zu haben. Es gibt eine wichtige Regel, die da heißt: »Verlasse während der Massage niemals den Körper der Massagepartnerin!«. Das bedeutet, daß eine Hand immer am Körper bleibt, auch wenn Sie gerade mit der anderen etwas weglegen oder heranholen. Dies spricht natürlich für zwei Öl-Kelche bzw. -Schalen an verschiedenen Stellen. Auch sollten genügend Handtücher bzw. Decken vorhanden sein, um gerade nicht behandelte Körperteile wieder zuzudecken. Ein schönes Ambiente erleichtert den Behandlungserfolg. Wichtigste Voraussetzung für das Gelingen der Edelstein-Balance ist darüber hinaus die Achtsamkeit der Behandlerin oder des Behandlers und die Absicht, gut zu tun.

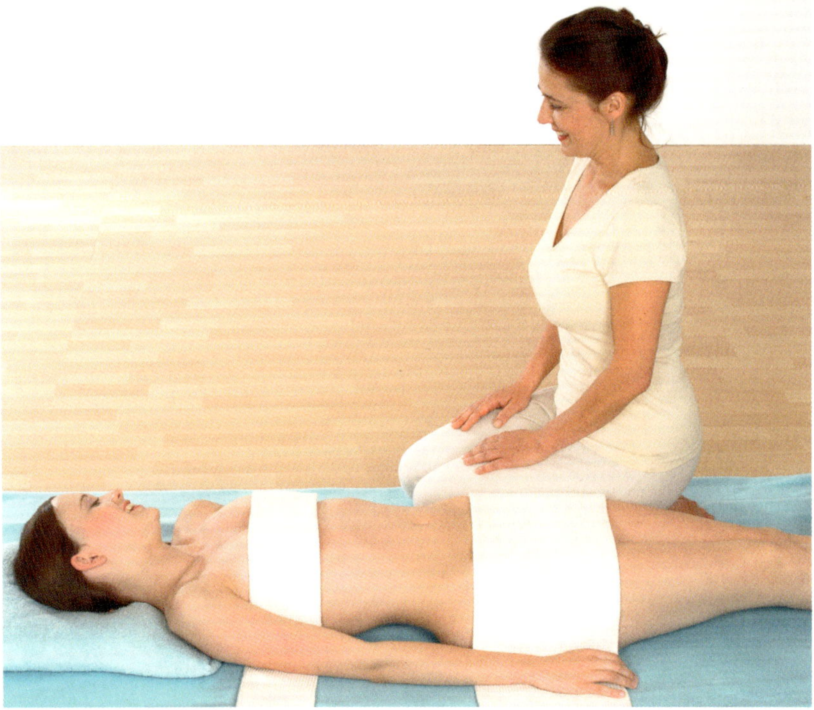

Stichworte zum Ambiente:

* Zimmertemperatur so warm es geht
* Sanftes Licht
* Keine Handys oder Telefone im Zimmer!
* Keinen Schmuck, keine Uhren und besser auch keine Brille bei Behandlerin und Massagepartnerin
* Massageliege oder gut gepolsterte Unterlage
* Genügend Handtücher oder Decken zum Zudecken
* Teelichte unter den Öl-Kelchen rechtzeitig entzünden, so daß Öl und Steine zur Massage schon warm sind, **aber kontrollieren, daß die Temperatur nicht höher als handwarm (35° C) ist!**
* Schöne Musik in Übereinstimmung mit der behandelten Person (auf Dauerbetrieb schalten)

Bei der Massage in Reichweite halten:

* Zwei Öl-Kelche mit je 30ml Öl (am besten eines rechts und eines links der Liege bzw. Massagefläche)
* Erwärmte Steine im Öl
* Kühle Steine (Zimmertemperatur) griffbereit

Nach der Massage:

* Genügend Wasser zum Trinken bereithalten. Ich beobachte sowohl bei mir selbst als auch bei den MassagepartnerInnen immer wieder, daß nach der Massage, manchmal sogar während dieser, ein erhöhter Flüssigkeitsbedarf besteht.

Eine schöne Sache habe ich bei Rainer Strebel in der Ausbildung »Individuelle Therapie« gelernt. Wenn man sich mit seinem höheren Selbst verbindet und dadurch erkennt, was gut für den anderen ist, braucht man sich – wenn man achtsam arbeitet und geistig voll »da« ist – keine Gedanken darüber zu machen, ob man jetzt das Richtige tut. Dies als kleiner Trost für alle »Anfänger«, die jetzt denken: Oh je, so viele Steine, so viele Öle und dann auch noch die Technik...

## Die Auswahl der Edelsteine

Wenn Sie die Edelstein-Balance erlernen, empfehle ich Ihnen, zunächst in jeder Massage nur mit einer Steinsorte zu massieren, um die verschiedenen Steinwirkungen in der Massage praktisch kennenzulernen. Später werden Sie immer mehr Sicherheit und Freude an verschiedenen individuellen »Steinkompositionen« haben.

Praktisch sind auch Testverfahren wie die Kinesiologie (Muskeltest), die Pulsdiagnostik oder das Testen mit der Einhandrute. Ich persönlich teste meist mit der Einhandrute, da die Massagepartnerin dabei ganz entspannt sein kann und nichts tun muß, während ich teste. Deshalb wird in meinen Ausbildungen auch der Umgang mit der Einhandrute unterrichtet. Danach kommt immer ein erleichtertes Aufatmen der KursteilnehmerInnen, die bis dahin immer unter der Vielzahl von Steinen stöhnten, die es für die Massage gibt.

Die Griffel, Seifensteine oder Kugeln sollten grundsätzlich immer als Paar von einer Steinsorte vorliegen. Für die ersten Versuche empfehle ich gerne Rosenquarz oder Serpentin, da beide eine angenehm sanfte Wirkung haben.

*Edelsteingriffel, Seifensteine und Kugeln*

Ansonsten ist es hilfreich, die Edelsteine passend zum Anliegen der Massagepartnerin zu wählen. Nehmen Sie sich vor der Massage die Zeit zum Gespräch, damit Sie erkennen, welche Wünsche und Bedürfnisse gegeben sind. Im folgenden finden Sie mögliche Themen und die dazugehörigen Steine. Der Übersichtlichkeit halber sind diese nicht als Griffel, Kugeln und Seifensteine, sondern einheitlich als Trommelsteine abgebildet. Wählen Sie für die Massage jedoch die Form, die für Sie am passendsten und angenehmsten ist.

## Allgemeine Entspannung:

*Aventurin*

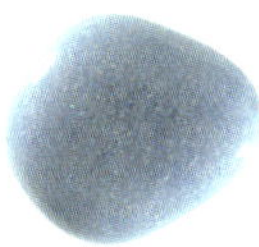

*Blauquarz*

*Chrysokoll*

*Dumortierit*

*Magnesit*

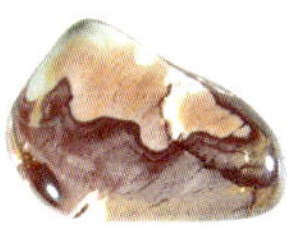

*Mookait*

*Nephrit*

*Prasemquarz*

*Turmalin schwarz (Schörl)*

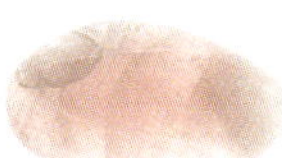

*Rosenquarz*

*Serpentin*

## Lösen starker Spannungen:

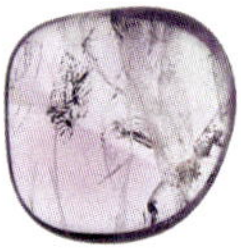

*Amethyst*

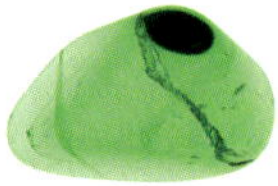

*Fluorit*

*Magnesit*

*Turmalin schwarz (Schörl)*

*Moosachat*

*Obsidian*

*Rauchquarz*

## Allgemein ausgleichend:

*Achat*

*Amazonit*

*Bernstein*

*Chrysokoll*

*Mookait*

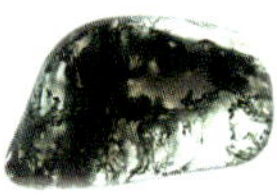

*Moosachat*

*Nephrit*

*Prasemquarz*

*Serpentin*

*versteinertes Holz*

## Allgemeine Regeneration:

*Calcit*

*Chrysokoll*

*Epidot (Unakit)*

*Moosachat*

Ozeanachat (Ozeanjaspis)

Tigereisen

Turmalin grün

Zoisit mit Rubin

## Anregen des Energieflusses:

Bergkristall

Halit

Hämatit

Jaspis rot

Obsidian

Turmalin grün

Turmalin schwarz

Turmalinquarz

## Zur Beruhigung:

Amazonit

Aventurin

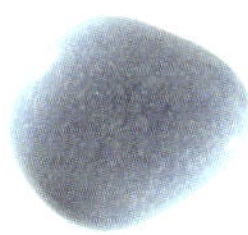

Blauquarz

Chrysokoll

Dumortierit

Magnesit

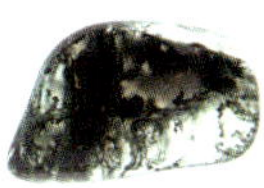

Moosachat

Prasemquarz

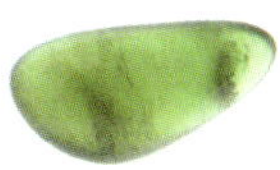

Serpentin

Sodalith

## Für Schutz und Abgrenzung:

*Achat*

*Aventurin*

*Bernstein*

*Halit*

*Heliotrop*

*Obsidian*

*Serpentin*

*Turmalin schwarz*

## Depression ade:

*Bernstein*

*Calcit orange*

*Citrin*

*Sonnenstein*

## Zur Entgiftung und Entschlackung:

*Amazonit*

*Aventurin*

*Bernstein*

*Chalcedon blau*

*Chrysokoll*

*Chrysopras*

*Fluorit*

*Halit*

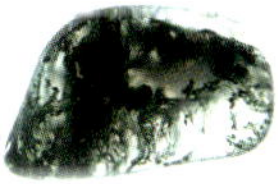

*Moosachat*

*Nephrit*

*Ozeanachat (Ozeanjaspis)*

*Turmalin grün*

## Anregen der Lymphe:

*Aquamarin*

*Bernstein*

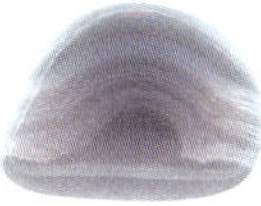

*Chalcedon blau*

*Chrysopras*

*Heliotrop*

*Magnesit*

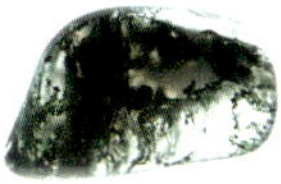

*Moosachat*

*Ozeanachat (Ozeanjaspis)*

*Sodalith*

## Zur Förderung der Durchblutung:

*Hämatit*

*Jaspis rot*

*Mookait*

*Obsidian*

*Rhodonit*

*Rosenquarz*

*Tigereisen*

## Für die Hautregeneration:

*Achat*

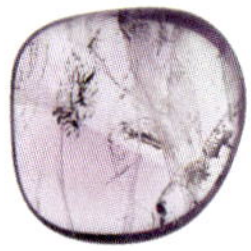
*Amethyst*

*Aventurin*

*Bergkristall*

*Chrysokoll*

*Chrysopras*

*Dumortierit*

*Fluorit*

*Halit*

*Kabamba Jaspis*

*Ozeanachat (Ozeanjaspis)*

*Prasemquarz*

*Rhodonit*

*Rosenquarz*

In diesem Zusammenhang eine kleine Randbemerkung: Das leidige Bild der Cellulite ist eigentlich »nur« eine Verschlackung des Unterhautfettgewebes, das in der Lage ist, Gift- und Abfallstoffe einzulagern, die nicht ausgeschieden werden können, damit sie zuerst einmal keinen Schaden anrichten. Das ist auch gut so, denn in der Regenerationsphase (also wenn der Körper mal Zeit hat) werden diese Stoffe aus dem Zwischenlager herausgelöst und ausgeschieden. Nur gönnen wir uns heutzutage zu wenig Ruhe- und Erholungsphasen. Selbst auf dem Sofa bei einem Action-Film ist unser Körper in Spannung und hat keine Zeit fürs Entgiften. Unser Fettgewebe wird so zu einem richtigen Müllschlucker. Deshalb sollten Frauen nach einer Schwangerschaft in der Stillzeit keinesfalls eine Diät machen, da sich mit dem Fettabbau auch die Gift- und Schlackenstoffe lösen und somit in die Muttermilch übergehen.

Es ist auch zu beobachten, daß immer jüngere Frauen und auch Männer zu Cellulite neigen, was sich durch die ständig wachsende Belastung aus Fehlernährung, mangelnder Bewegung und Streß erklären läßt.

Wichtig beim Entschlacken und Entgiften ist, daß man einerseits die Schlacken aus dem Gewebe löst, andererseits aber auch die Ausscheidung fördert, damit sie sich nicht wieder festsetzen können.

Weitere Anregungen und Themen finden Sie bei den Steinbeschreibungen am Ende dieses Kapitels. Edelsteine, die nicht als Griffel, Seifensteine oder Kugeln erhältlich sind (z. B. für die wundervolle Bernstein-Öl-Massage), können natürlich auch als rundpolierte Trommelsteine oder in anderer Form verwendet werden, sofern diese angenehm abgerundet und somit massagetauglich sind.

Die ausgewählten Steine lege ich rechtzeitig vor der Massage in das warme Öl, da sie meist mindestens zehn Minuten zum Erwärmen brauchen.

## Übungen

Die folgenden drei Übungen helfen Ihnen als Vorbereitung auf die Massage, sich mit den Formen und Wirkungen der Edelsteine vertraut zu machen. Wiederholen Sie die Übungen gelegentlich, so werden Sie feststellen, wie sich Ihre Wahrnehmung und Fingerfertigkeit verfeinern.

*Übung 1*

### Übung 1

Massieren Sie mit geschlossenen Augen zuerst mit dem Finger, dann mit einem Edelstein-Griffel das eigene Gesicht. Betrachten Sie den Griffel dabei als verlängertes Sinnesorgan, als ob die Griffelspitze Nervenzellen enthielte. Sie werden feststellen, daß sich Ihr Bewußtsein bis zur Griffelspitze erweitert.

*Übung 2*

## Übung 2

Rollen Sie mit einer Edelsteinkugel langsam in den Handflächen und beobachten Sie dabei, was sie spüren und empfinden. Nehmen Sie unmittelbar anschließend eine Kugel einer anderen Steinsorte und wiederholen Sie dasselbe. Spüren Sie den Unterschied?

## Übung 3

Massieren Sie mit zwei Seifen- oder Linsensteinen in synchronen kreisenden Bewegungen die eigenen Oberschenkel. Halten Sie die Steine versuchsweise mit verschiedenen Griffen und spüren Sie, wie sie sich am besten führen lassen. Variieren Sie auch Druck und Geschwindigkeit und beobachten Sie, wie sich die Massagebewegungen anfühlen.

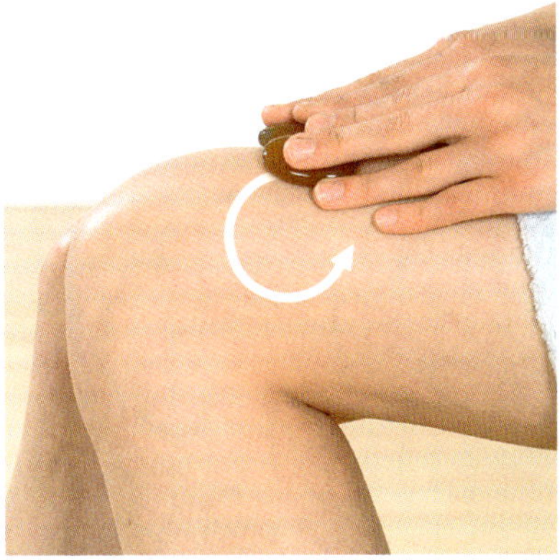

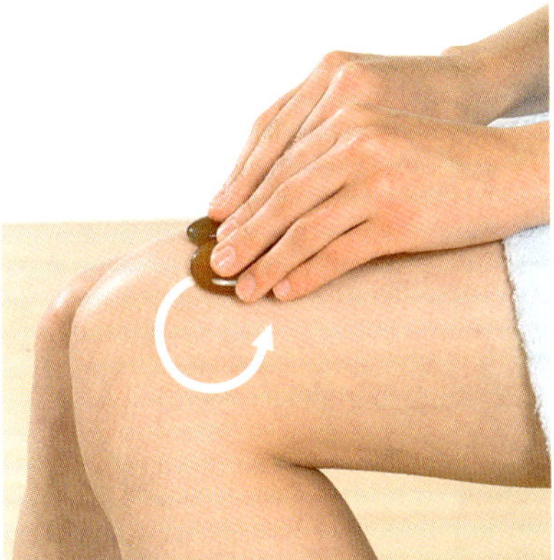

*Übung 3*

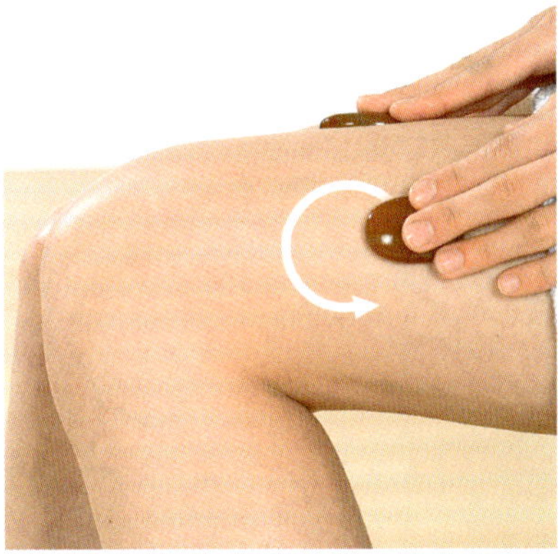

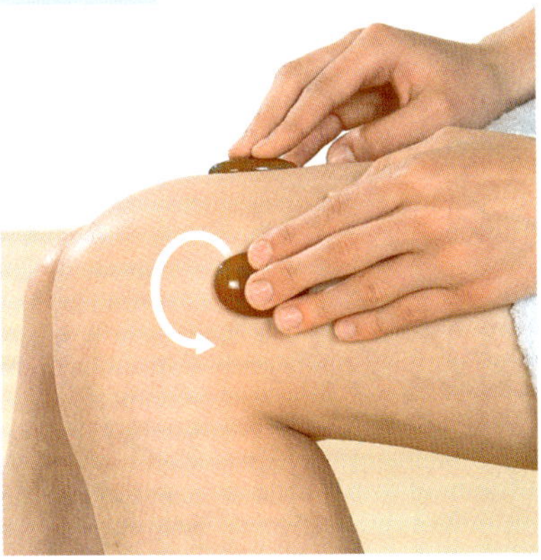

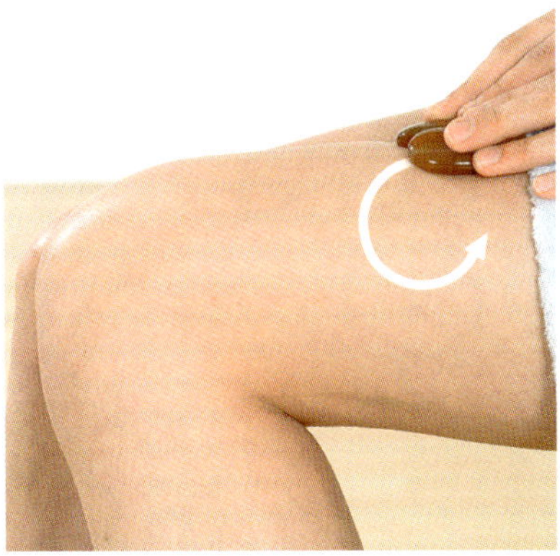

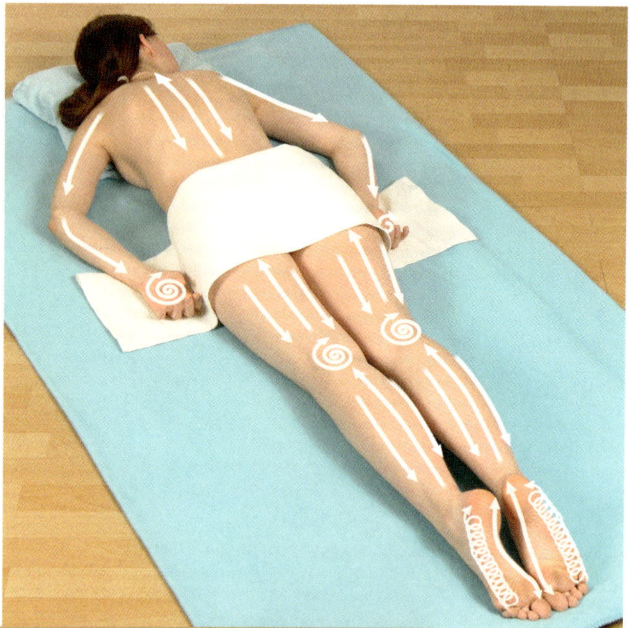

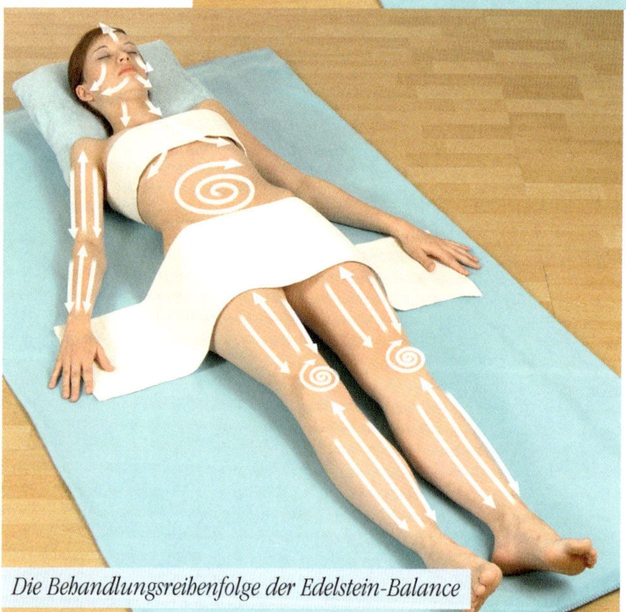

*Die Behandlungsreihenfolge der Edelstein-Balance*

## Die Behandlungsreihenfolge der Edelstein-Balance

Die Behandlung beginnt und endet stets an den Füßen. Selbst wenn ich nur eine Gesichts-Balance durchführe, knete ich kurz die Füße vor und nach der Behandlung. Zuerst, um Kontakt mit dem Menschen vor mir aufzunehmen, und nach Abschuß der Edelstein-Balance, um mich sozusagen wieder zu verabschieden. Bei einer Ganzkörperbehandlung liegt die Massagepartnerin zu Beginn auf dem Bauch. In dieser Position werden die Beine und dann der Rücken massiert. Anschließend folgt die Körpervorderseite, auch hier mit den Füßen beginnend, dann Hände und Arme, Gesicht und Dekolleté, der Bauch und schließlich wieder die Beine. Der Energiefluß des Körpers verläuft an der Körpervorderseite von den Füßen zum Kopf und von dort an der Rückseite wieder zu den Füßen hinab. Mit diesem Fluß zu massieren, war jedoch beschwerlich, da die gelöste Energie oft nicht abfließen konnte, solange der »Ausweg« nicht frei war. Daher hat es sich bei der Edelstein-Balance als erfolgreicher erwiesen, zuerst die Rückseite zu »öffnen«, um dann an der Körpervorderseite zu arbeiten. Die Massagebewegungen an der Körperrückseite sind daher häufig nach unten ausstreichend. Generell ist das Ausstreichen ein wichtiger Bestandteil der Massage. Immer wenn ich das Gefühl habe, die Massage wird zäh und schwer, sehe ich das als Signal, die aufgestaute Energie mit ausstreichenden Bewegungen wieder in Fluß zu bringen.

Folgende Steinformen benötigen Sie für die Edelstein-Balance:

Zwei Griffel einer Steinsorte
Zwei Seifensteine einer Steinsorte
Zwei Kugeln einer Steinsorte

Wichtig: Prüfen Sie die Steine immer auf die richtige Temperatur, am besten in der Ellenbeuge, damit sie nicht zu heiß sind. Füße und Hände vertragen zudem mehr Wärme als die empfindliche Gesichtshaut.

# *Ablauf der Edelstein-Balance*

## Auftakt

Am besten ist es, die Edelstein-Balance mit einem langsam ansteigenden Fußbad (35° - 45° C) von 15 - 20 Minuten Dauer zu beginnen. Das Fußbad schafft einen Ausgleich zu unserer »Kopflastigkeit« und gibt einen besseren Bodenkontakt. Außerdem bringt es reflektorisch Entspannung für den ganzen Körper, so daß unsere Massagepartnerin den Alltag besser loslassen und sich auf die Behandlung einstimmen kann. Ich nutze diese Zeit, um im Gespräch bei einer Tasse Tee die Bedürfnisse und Wünsche für die Behandlung in Erfahrung zu bringen. Es erfordert allerdings oft ein »Zwischen-den-Zeilen-lesen«, um die jeweils richtigen Steine und den Schwerpunkt für die kommende Massage zu finden.

Die Edelstein-Balance beginnt mit einem ansteigenden Fußbad (35° - 45° C) von 15 - 20 Minuten Dauer.

Dabei bringt das Gespräch Aufschluß über den Schwerpunkt der Massage und die erforderliche Steinsorte(n).

Erwärmen Sie die Steine rechtzeitig.

Reichen Sie ein Getränk und vergessen Sie nicht, selber zu trinken.

*Schutz*

## Schutz

Lassen Sie vor Beginn der Massage einen Schutz entstehen. Ich stelle mir meist eine liegende Acht um mich und meine Massagepartnerin vor. In einem Ring dieser Acht befinde ich mich, im anderen die Massagepartnerin. So sind wir verbunden, ohne unsere Energien zu vermischen. Gerne beginne und beende ich die Edelstein-Balance mit Klanganwendungen. Dazu verwende ich entweder spezielle Aluminium-Stimmgabeln, die ich über den Körper fühle, oder alternativ eine Klangschale. Diese Einstimmung klärt vorab schon die Aura der Massagepartnerin. Am Klang hört man mit einiger Erfahrung auch schon, wo es im Körper recht »dicht« ist und was vielleicht das Augenmerk der Behandlung darstellen könnte Auch als Abschluß der Behandlung lassen sich damit energetische »Übrigbleibsel« richtiggehend »wegklingeln«. Sie werden feststellen, es hört sich nachher immer ganz anders an.

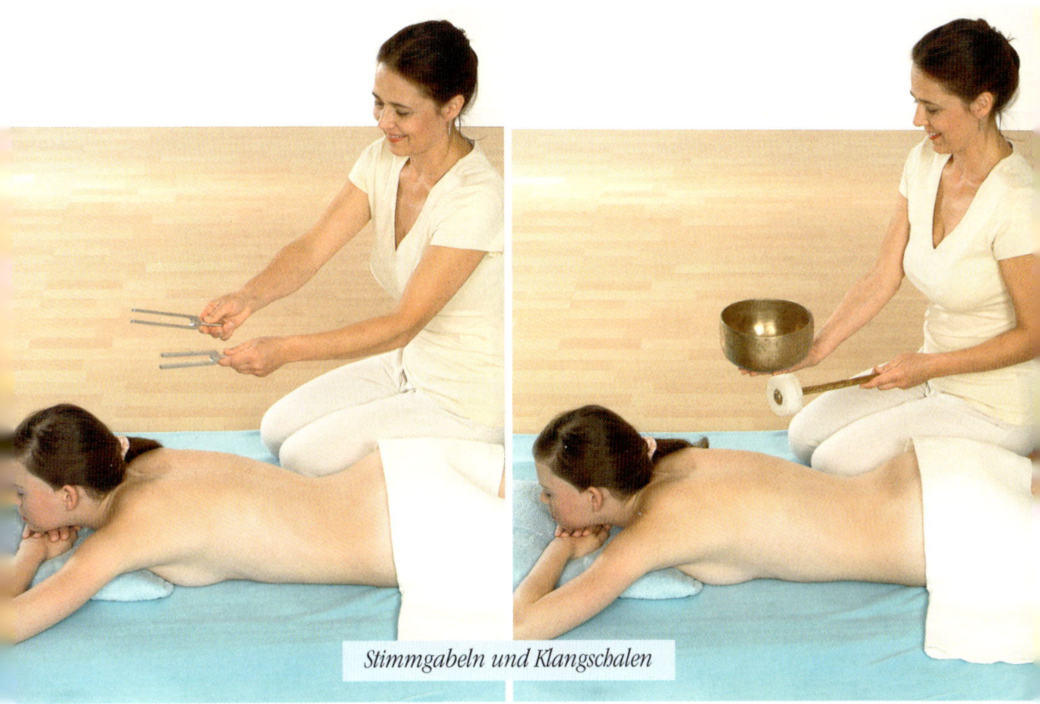

*Stimmgabeln und Klangschalen*

## *Den Rücken freihalten*

In diesem ersten Behandlungsabschnitt kommen zwei Seifensteine zum Einsatz. Die Steinsorten können dabei in den verschiedenen Schritten (Füße, Beine, Rücken, Schultern, Nacken) passend gewechselt werden.

Während Ihre Massagepartnerin auf dem Bauch liegt, verteilen Sie zunächst das warme Öl auf beiden Beinen. Die Bewegungen beim Verteilen des Öls sollten fließend sein und etwas über die Fußsohlen hinausgehen, so als ob sie eine Linie ins Unendliche verlängern. Anschließend beginnt die Massage mit den erwärmten Steinen (Achtung – bei Krampfadern keine heißen Steine!), nichtbehandelte Körperbereiche werden dabei immer zugedeckt!

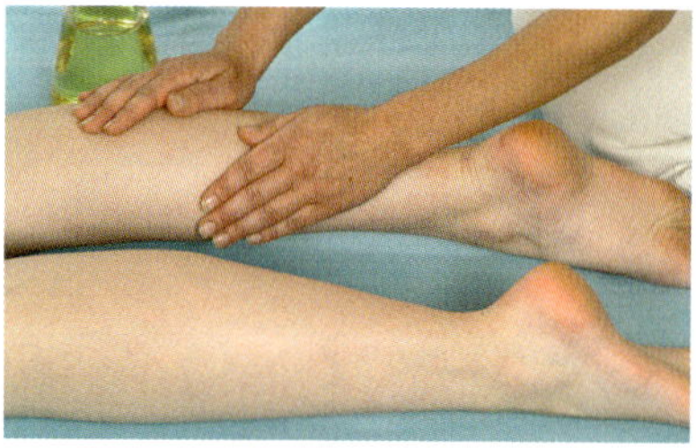

Legen Sie den auf Temperatur geprüften Seifenstein sanft auf die Fußsohle auf. Beginnen Sie nun erst mit schwachem, dann stärkerem Druck, die ganze Fußsohle kreisförmig zu massieren. Etwas mehr Druck an den Fersen und Ballen geben.

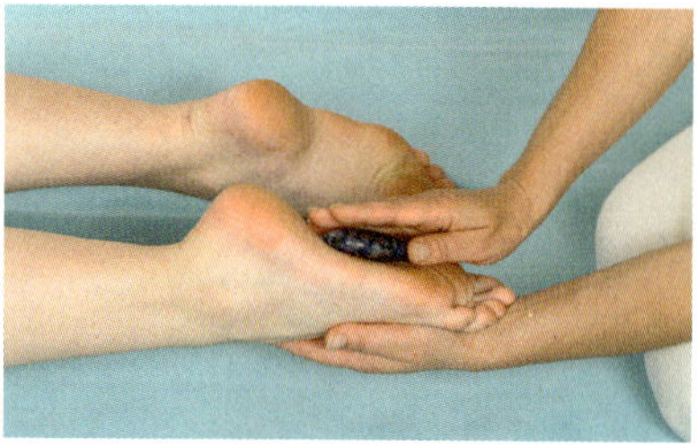

Massieren Sie nun den Fersenbereich mit sanftem Druck beidseitig leicht auf- und abwärts. Experimentieren Sie mit der Haltung des Seifensteins, bis es sich »rund« anfühlt.

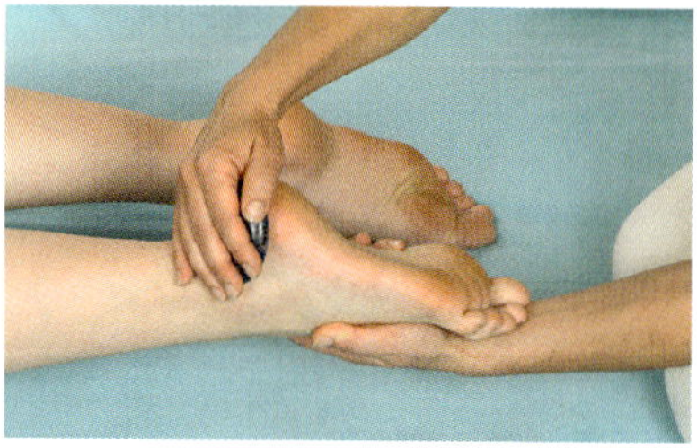

Ziehen Sie nun einige Male den Seifensein von rechts nach links über die Ferse und wieder zurück.

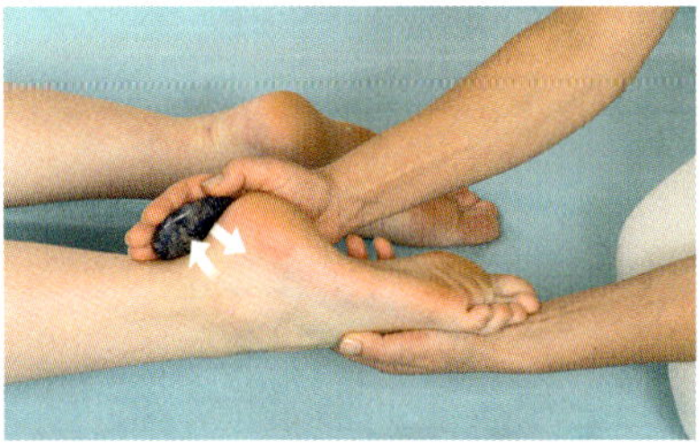

Streichen Sie nun beginnend von der Achillessehne abwechselnd rechts und links am Knöchel vorbei den Fußrücken bis zu den Zehenspitzen aus. Dazu heben Sie den Fuß leicht an.

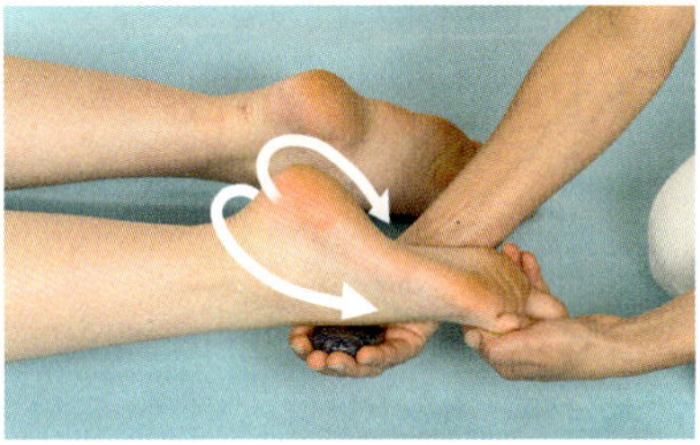

Wiederholen Sie die Griffe am anderen Fuß und legen Sie dann den Stein wieder in die Schale mit dem Öl.

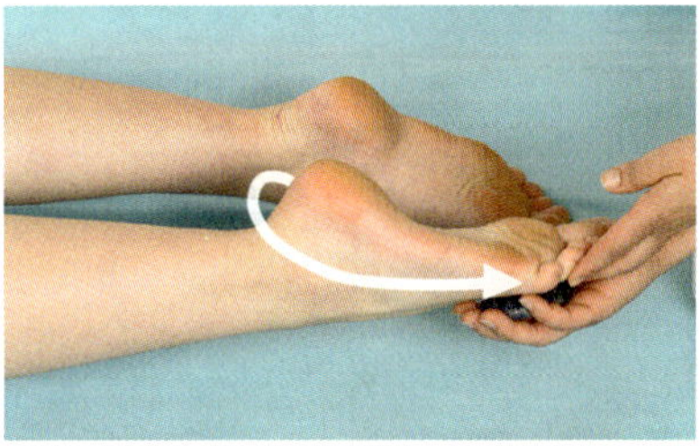

Führen Sie nun den anderen angewärmten Seifenstein von der Ferse über die Wade in die Kniekehle (Vorsicht: wärmeempfindlich) und abwechselnd an den Seiten wieder nach unten bis zum kleinen bzw. großen Zeh und darüber hinaus.

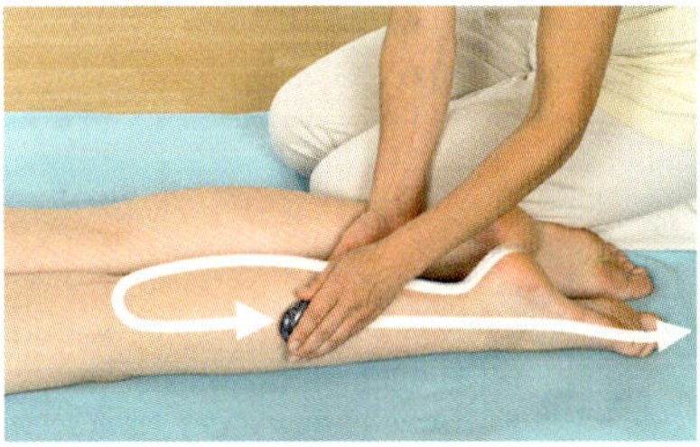

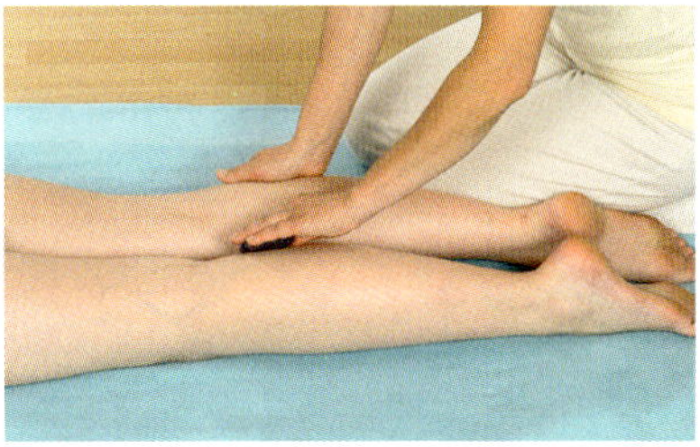

Nehmen Sie nun beide Seifensteine und beginnen Sie rechts und links der Achillessehne. Führen Sie die Steine mehrmals mit wenig Druck nach oben bis zum Gesäß und mit etwas Zug rechts und links des Beines wieder zurück.

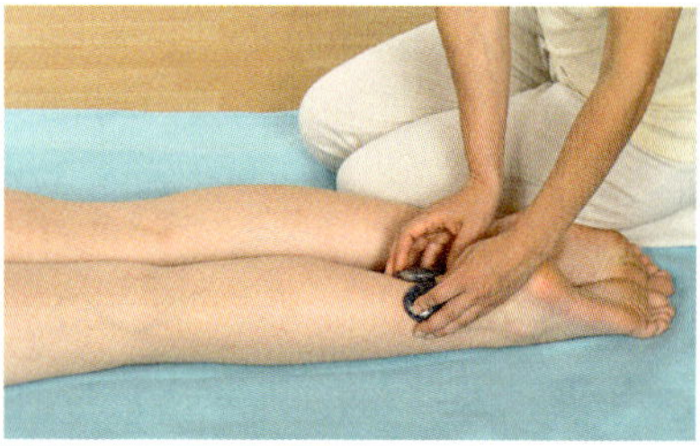

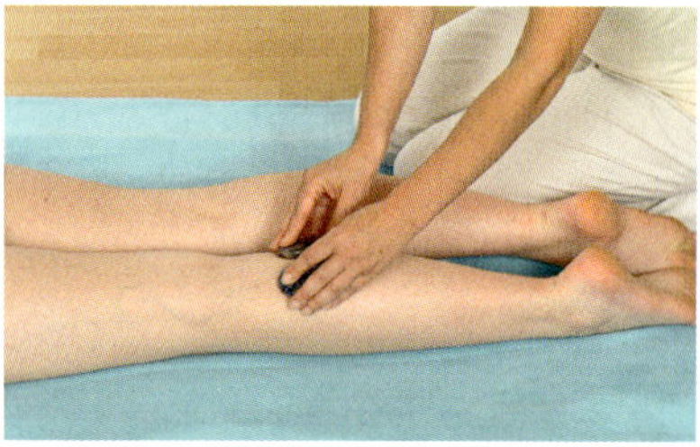

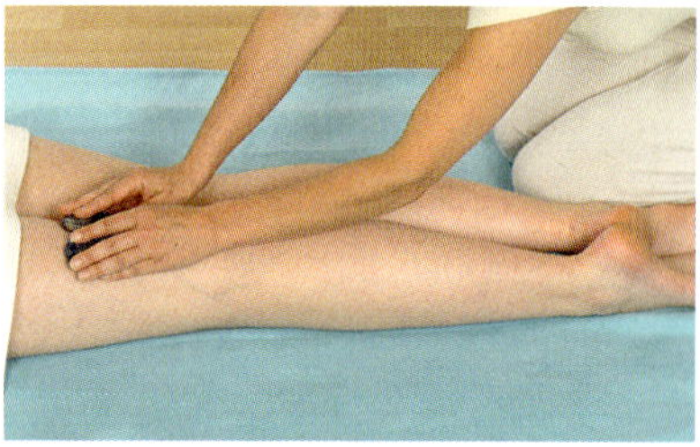

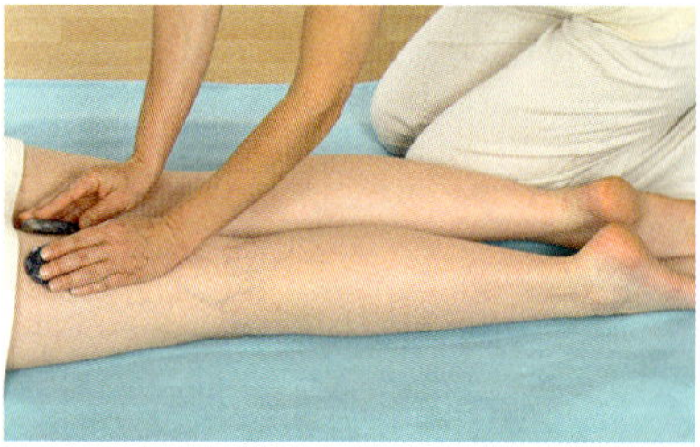

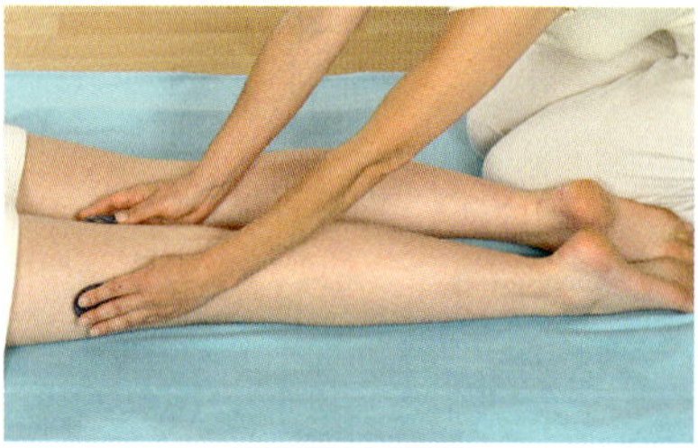

Streichen Sie nun mit den Seifensteinen am Gesäß beginnend die Mitte des Oberschenkels hinab, über die Wade, schwungvoll über die Ferse und die Fußsohle bis zu den Zehen hinaus. So, als wollten Sie alles, was unnötig ist, hinausstreichen.

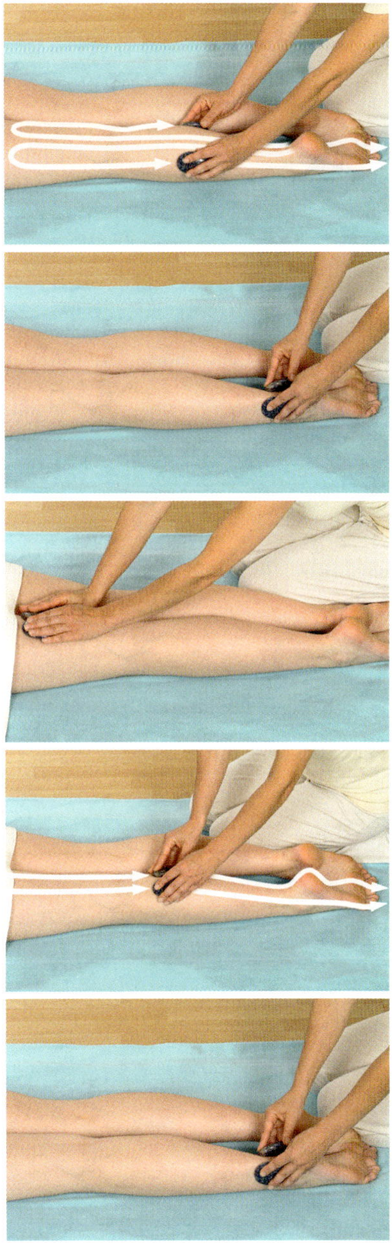

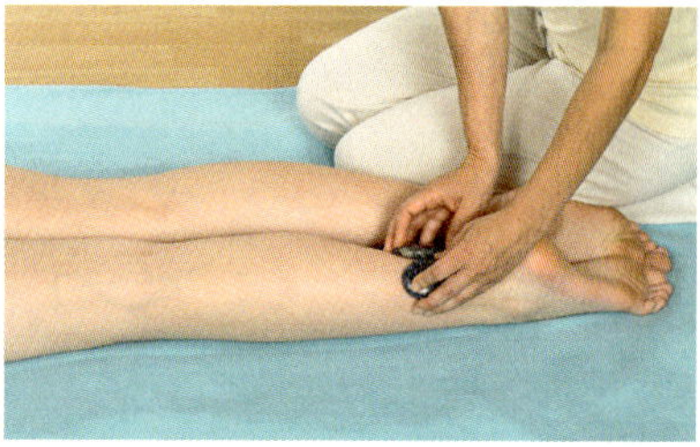

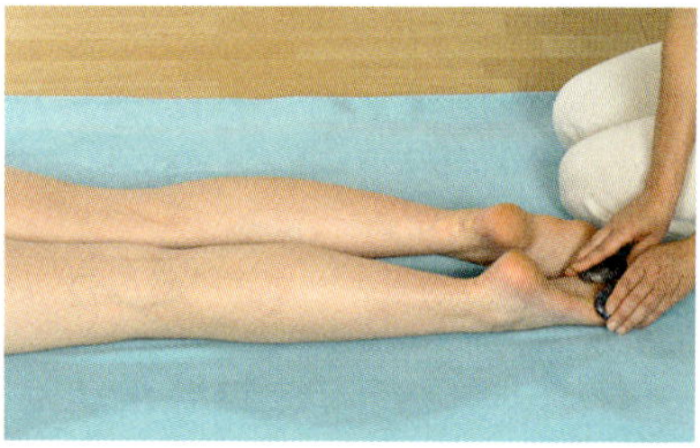

Wiederholen Sie diese auf- und absteigende Massage mehrfach, bis das Bein gut entspannt ist. Wenn Sie wieder am Fuß angekommen sind, wechseln Sie fließend zum rechten Bein. Dabei nehmen Sie mit der rechten Hand Kontakt zum rechten Fuß auf, während die linke noch kurz auf dem linken Fuß verweilt und den Kontakt hält. Massieren Sie dann das rechte Bein auf entsprechende Weise.

Legen Sie die Steine nach dem Massieren des rechten Beins kurz zurück in das erwärmte Öl (eine Hand bleibt dabei immer in Kontakt zu Ihrer Massagepartnerin) und nehmen Sie dabei neues Öl auf, das Sie nun auf dem Rücken mit weit ausstreichenden Bewegungen verteilen.

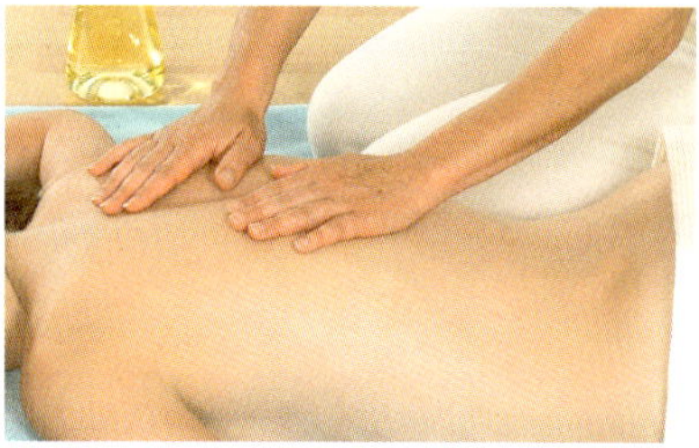

Legen Sie den Seifenstein sanft auf das Kreuzbein und beginnen Sie erst kleine, dann immer größer werdende Achterbewegungen über den ganzen unteren Lendenwirbelbereich zu ziehen. Kreuzungspunkt der Acht ist die Wirbelsäule. *Beim Passieren der Wirbelsäule bitte keinerlei (!) Druck ausüben!*

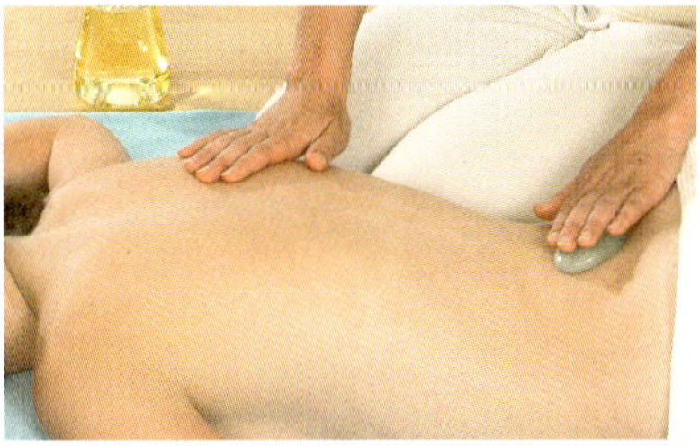

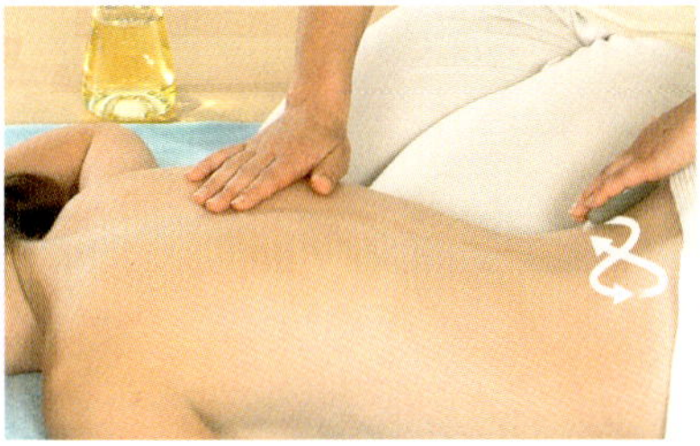

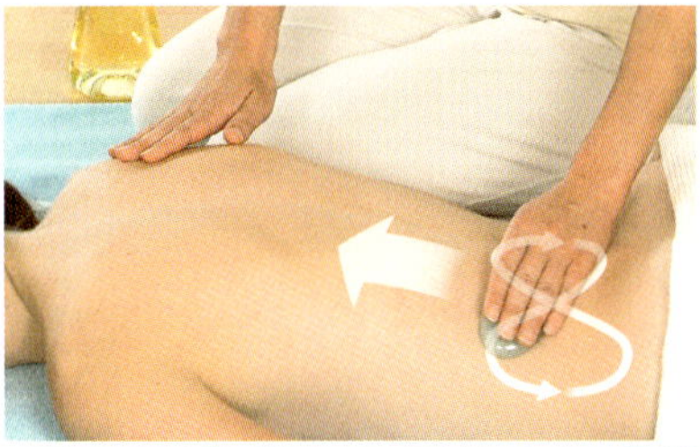

Setzen Sie die Achterbewegungen dann über den ganzen Rücken bis zu den Schultern fort. *Achten Sie auch hier unbedingt darauf, beim Übergang über die Wirbelsäule keinerlei (!) Druck auszuüben.*

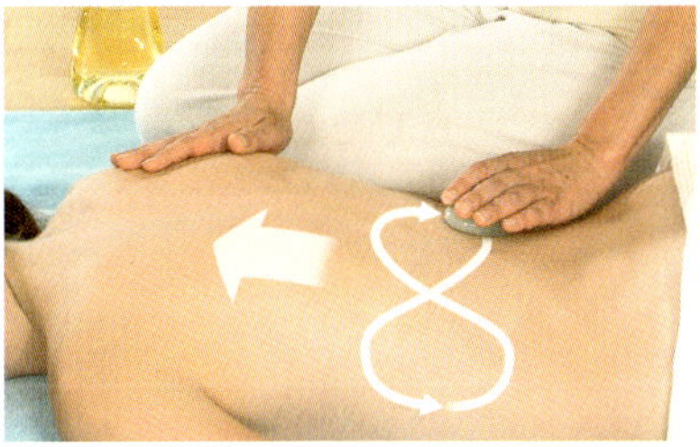

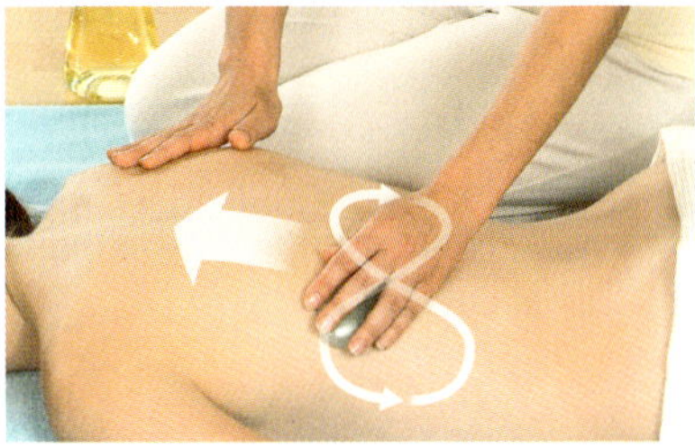

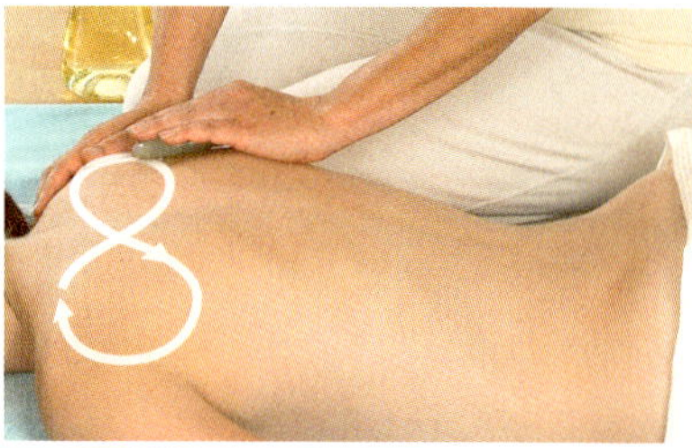

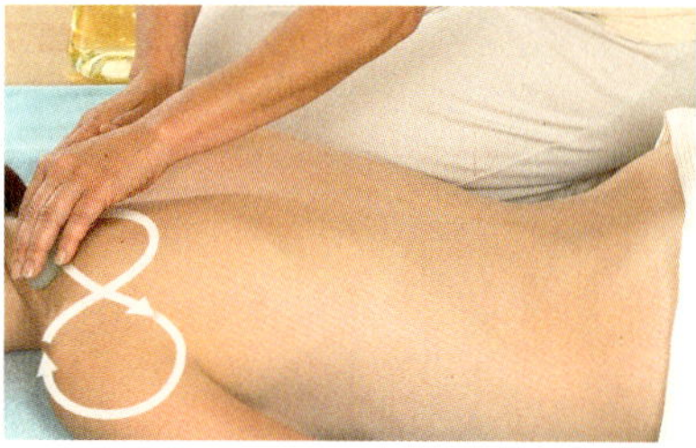

Streichen Sie nun am Nacken rechts und links der Wirbelsäule beginnend abwechselnd etwa zwei Mal je Seite mit dem Seifenstein bis zum Gesäß aus.

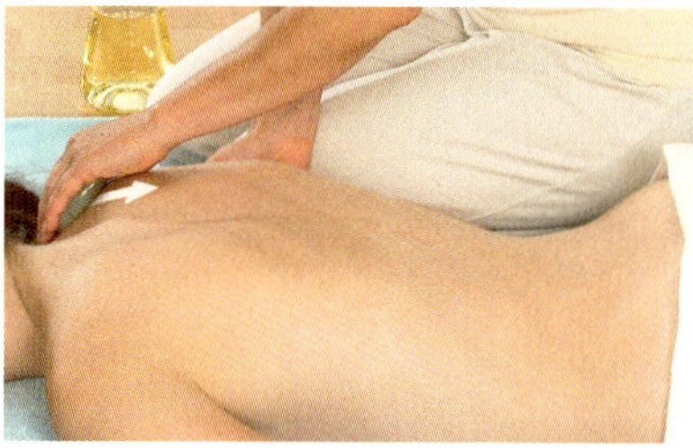

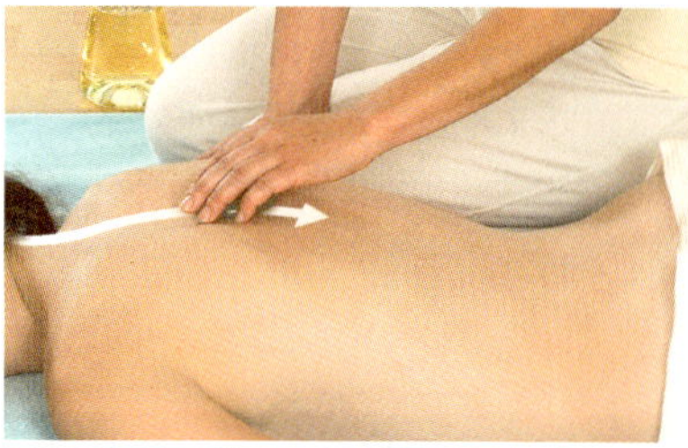

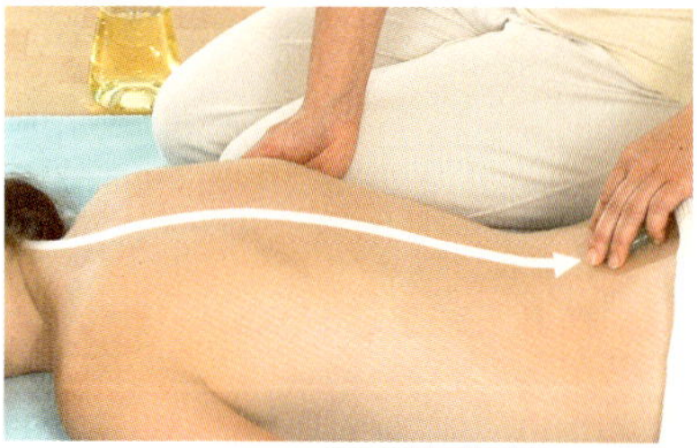

Nun wird der ganze Rücken mit zwei Steinen ausgiebig gewalkt und geknetet, *wobei Sie auch dabei niemals direkt auf der Wirbelsäule arbeiten!* Die Walkungen der beiden Hände laufen ineinander, ähnlich wie beim »Teig-Kneten«. Wenn Sie Verspannungen spüren, ist ein sanfter Druck oder ein Klopfen mit dem Seifenstein oft hilfreich. Wechseln Sie die Seite, ohne die Hand vom Körper Ihrer Massagepartnerin zu nehmen.

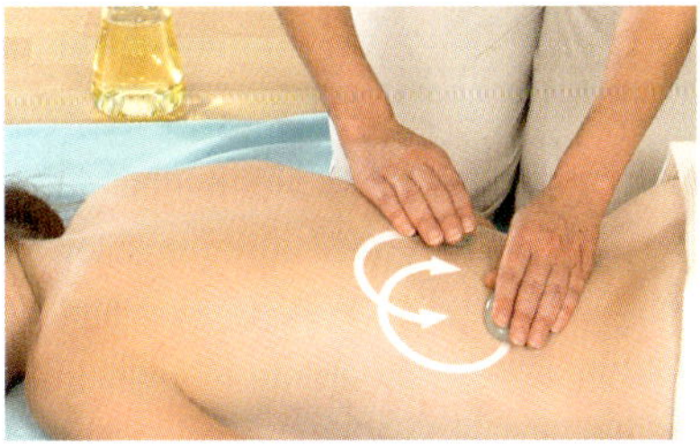

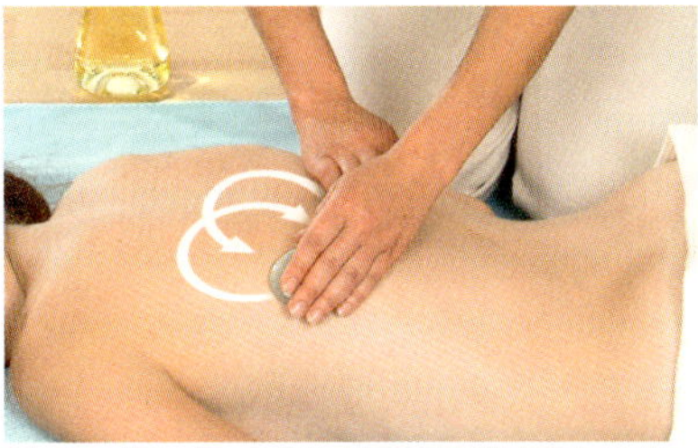

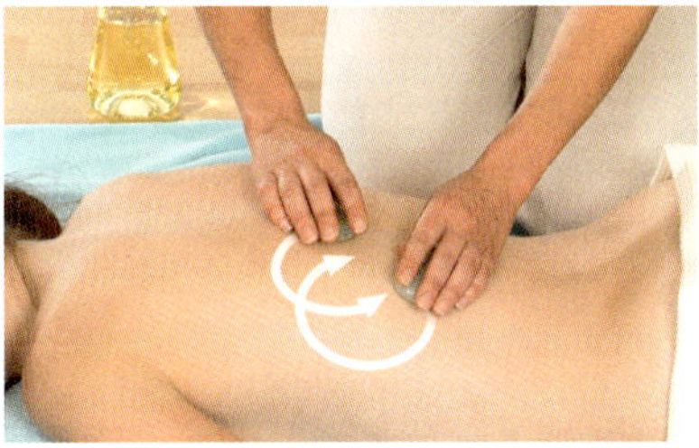

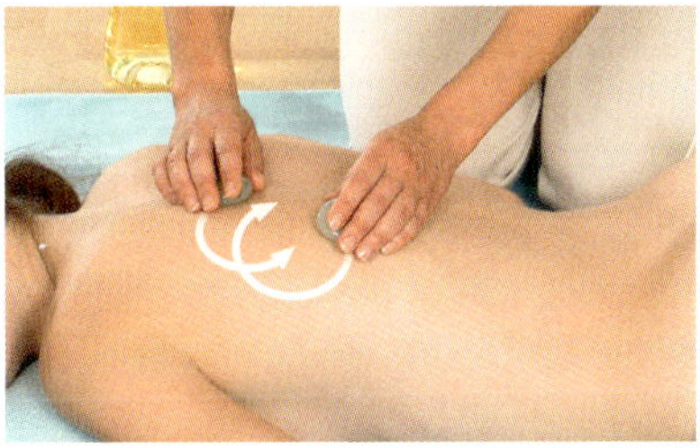

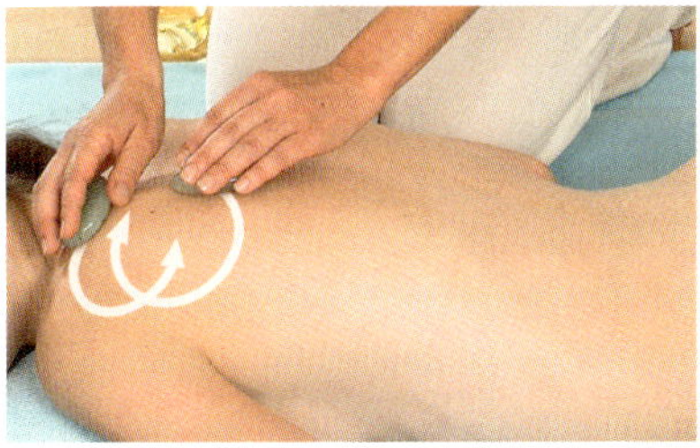

Arbeiten Sie anschließend sorgfältig die Schultermuskulatur aus und beziehen Sie dabei auch das Schultergelenk mit ein, das sie in kreisenden sowie stehenden und liegenden Achterbewegungen umrunden. Massieren Sie sanft den Schulterblattrand von der Mitte nach außen.

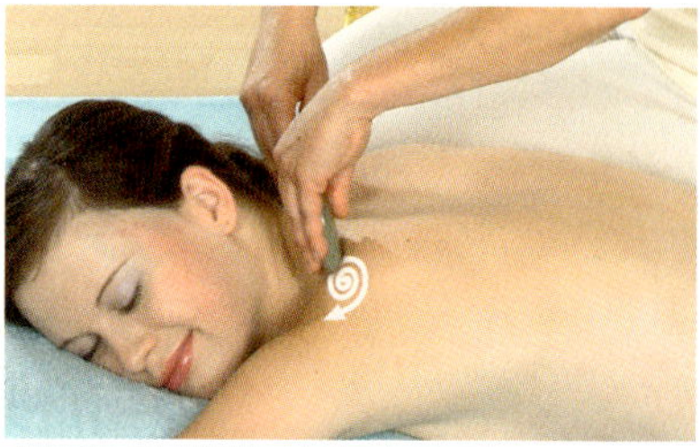

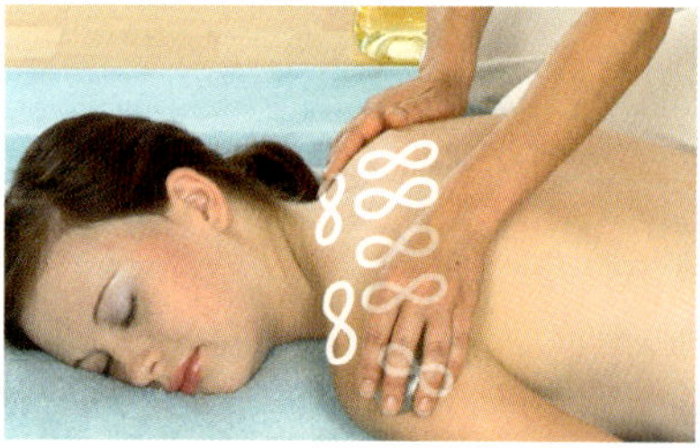

Fahren Sie nun in einer leicht ziehenden Aufwärtsbewegung vom 6. Halswirbel rechts und links der Wirbelsäule den Nacken entlang bis zum Haaransatz. Dort verweilen Sie einige Sekunden. Lassen Sie den Stein zurückgleiten und wiederholen Sie diesen Griff etwa drei Mal. Massieren Sie diesen Bereich anschließend schonend mit den Händen.

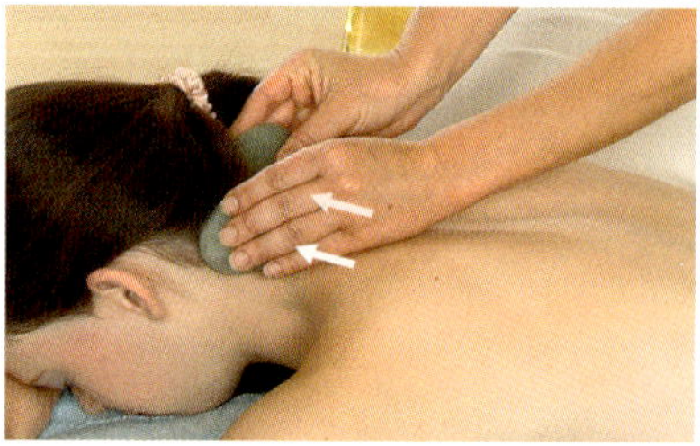

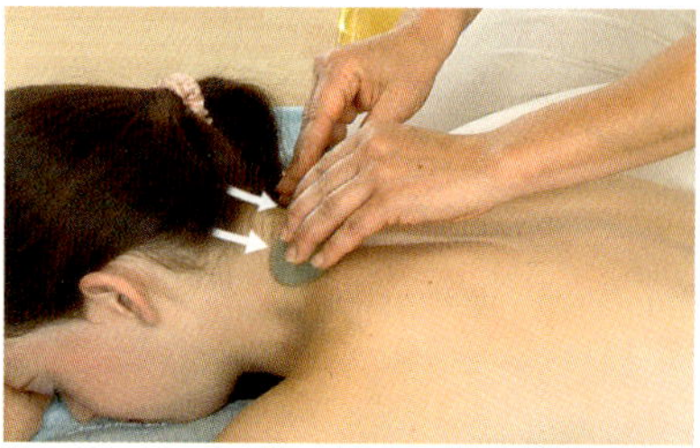

Anschließend massieren Sie Nacken und Schultern beidseitig erst in versetzt stehenden Kreisen, dann in zügigen Streichungen zu den Armen hin aus. Führen Sie den Stein dabei immer wieder sanft in den Nacken zurück.

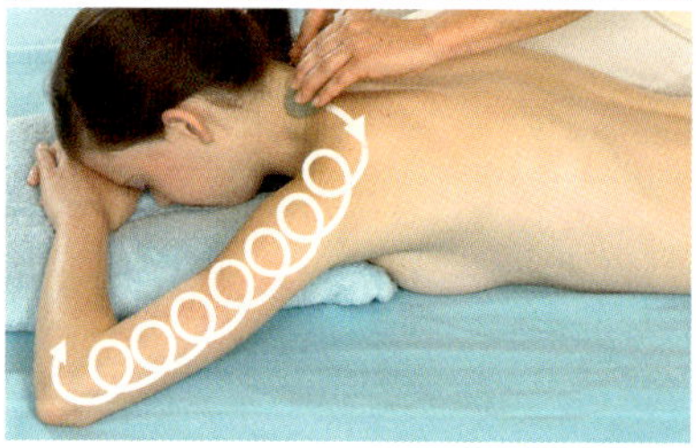

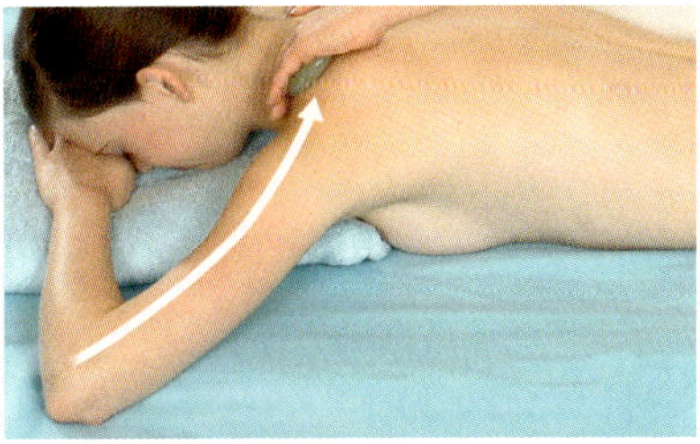

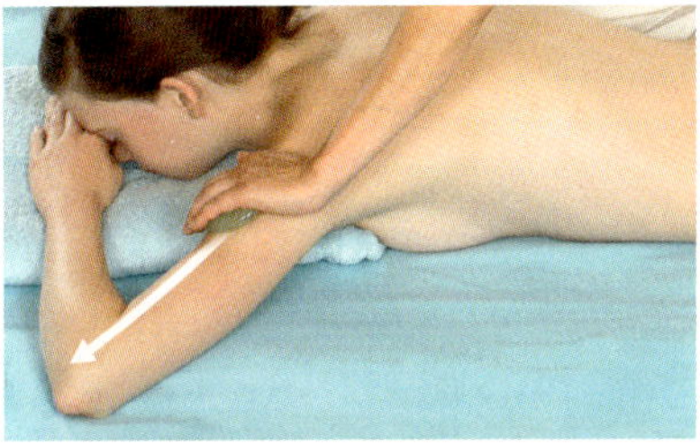

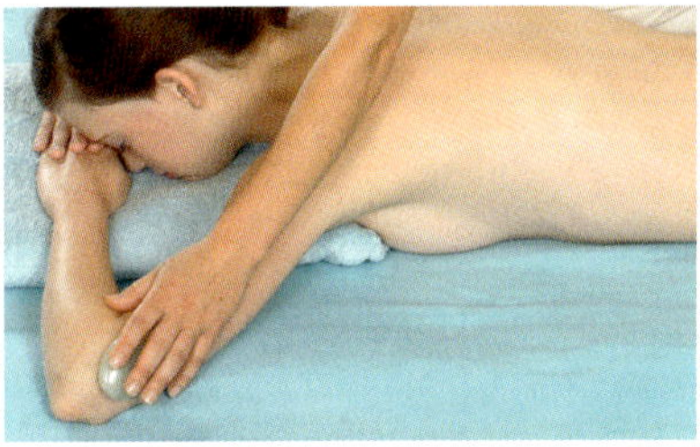

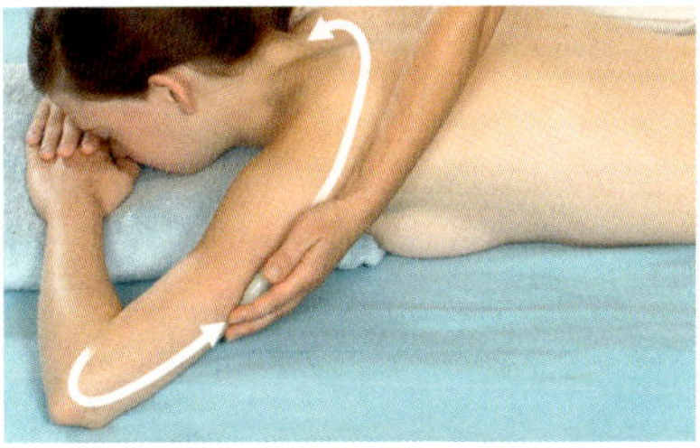

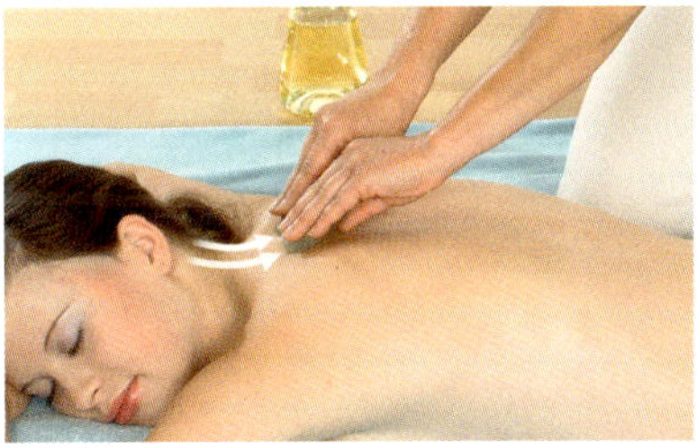

Fahren Sie mit dem Ausstreichen über den Rücken fort. Beginnen Sie rechts und links der Wirbelsäule mit sanftem Ziehen bis zum Gesäß. Wiederholen Sie dieses Ausstreichen mindestens drei Mal. Sehr befreiend empfinden es viele Menschen, wenn Sie auch über das Gesäß, die Oberschenkel bis zu den Fußsohlen und darüber hinaus ausstreichen.

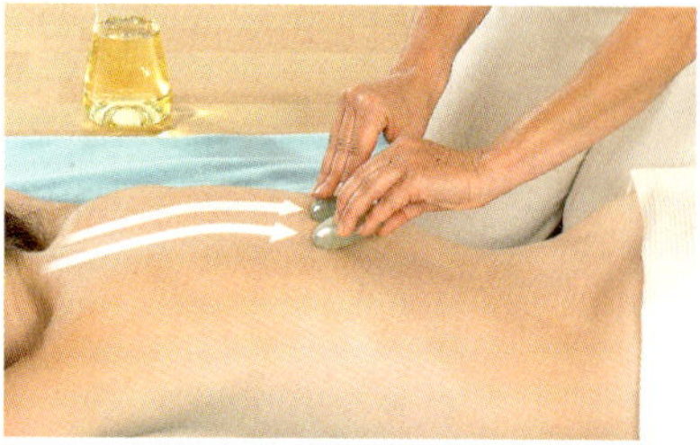

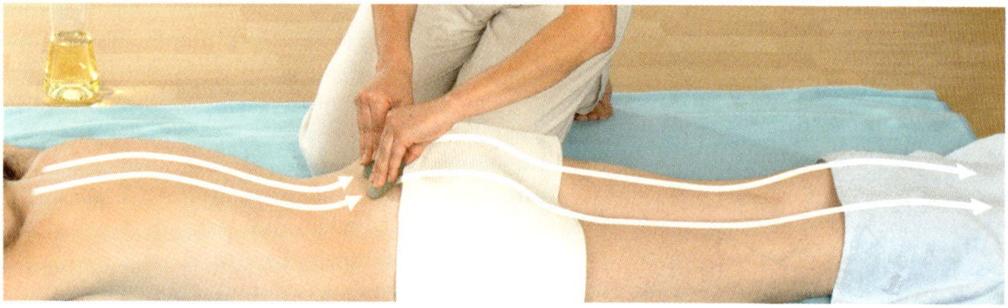

Schon allein mit dieser Rückenmassage können wir den ganzen Körper harmonisieren. Am Rücken befinden sich die sogenannten »Headschen Zonen« (nach ihrem Entdecker Henry Head 1893), Reflexzonen, die über eine unmittelbare Nervenschaltung im Rückenmark mit allen inneren Organen verbunden sind. Die Edelstein-Balance am Rücken stimuliert auch diese Zonen und gleicht sie aus.

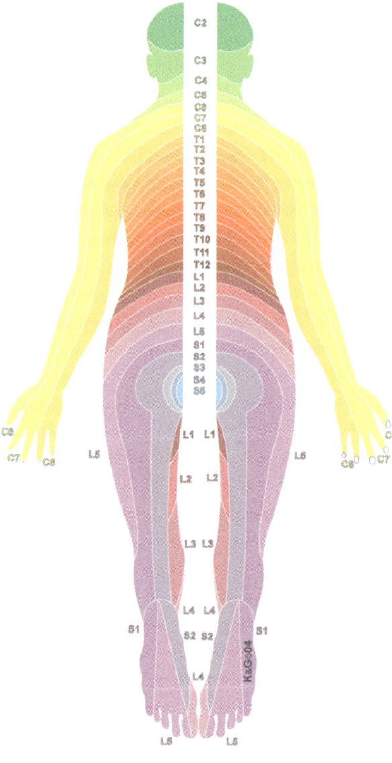

## *Boden geben*

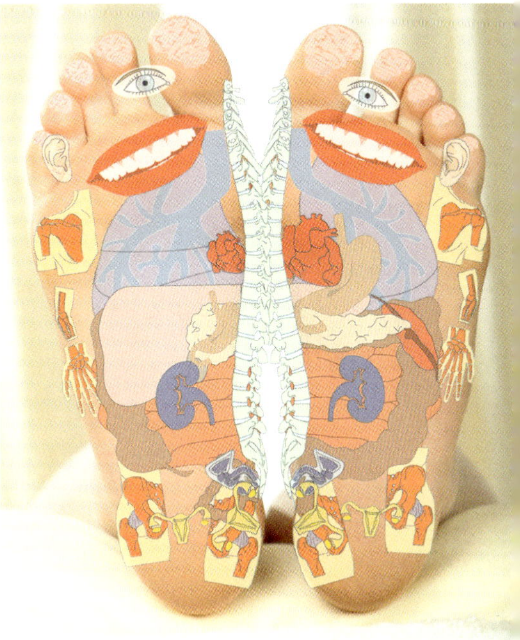

Füße sind meistens unsere »Stiefkinder«, sie tragen uns jedoch durchs Leben und werden deshalb bei der Edelstein-Balance besonders beachtet. Zudem enden die Meridiane, die Energiebahnen unseres Körpers, an den Zehen. Und im Fuß spiegelt sich wiederum der ganze Körper.

In diesem Massageabschnitt dreht sich Ihre Massagepartnerin auf den Rücken und wird warm eingekuschelt. Bitte denken Sie daran, die Schultern abzudecken. Hier gilt nun die Regel: Eine Hand arbeitet, die andere fixiert den Fuß. In diesem Abschnitt kommen nun Edelsteingriffel zum Einsatz.

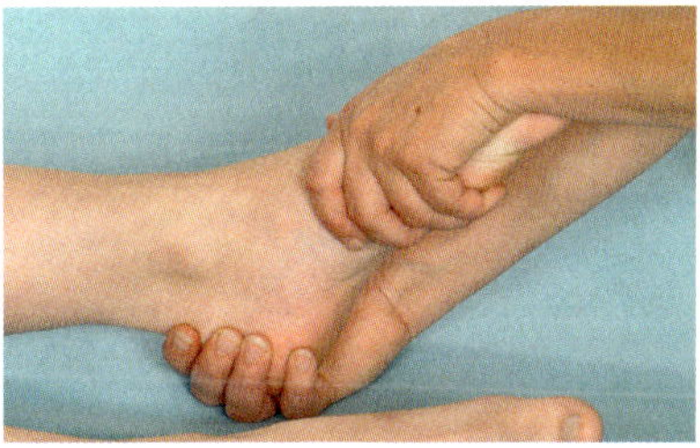

Ölen Sie die Füße zu Beginn mit gut erwärmtem Öl ein. Mit dem stumpfen Ende des Griffels wird nun der Fußknöchel in sanften Kreisen erst ganz, dann in Schlaufen um den Knöchel herum auf jeder Seite des Fußes massiert.

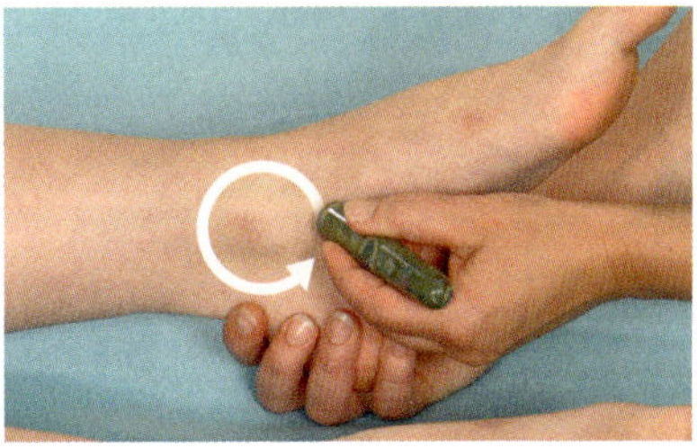

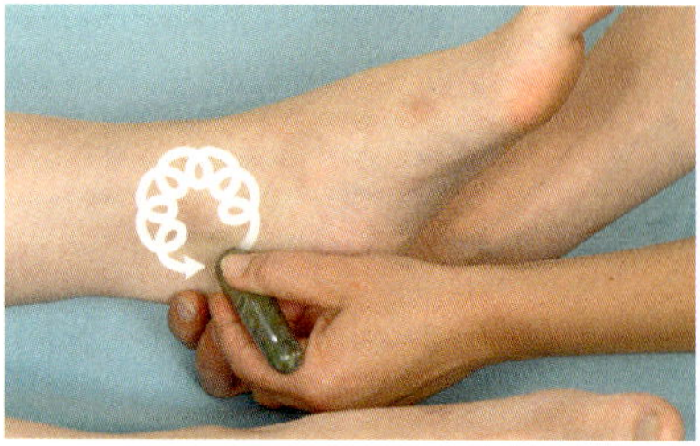

Streichen Sie nun in einer leicht ziehenden Bewegung von den Zehen zum Sprunggelenk aus (das fördert den Lymphfluß im Fuß und entstaut).

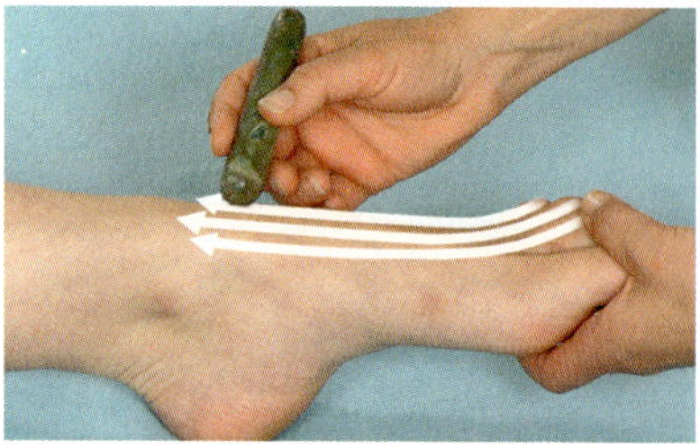

Anschließend massieren Sie in kleinsten Kreisen ohne Druck mit dem stumpfen Ende des Griffels die Fußinnenseite von den Zehen zur Ferse hin. Diese entspricht in der Fußreflexzonenmassage der Wirbelsäule.

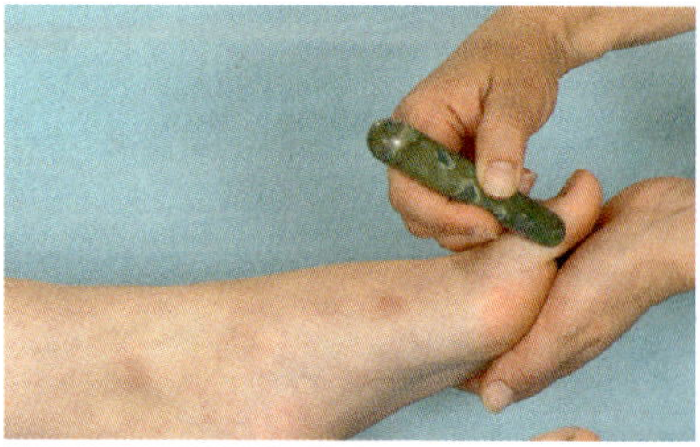

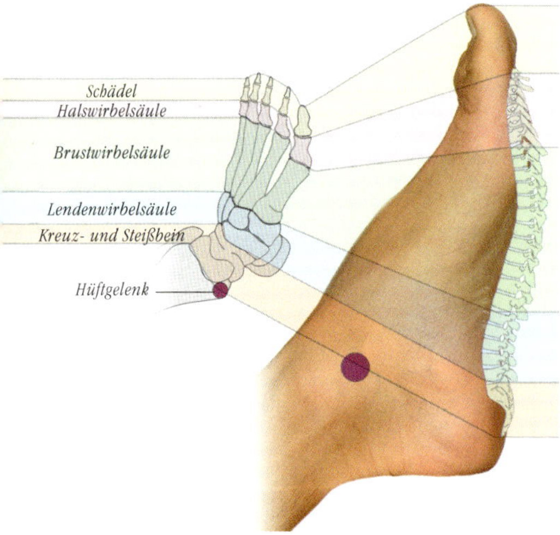


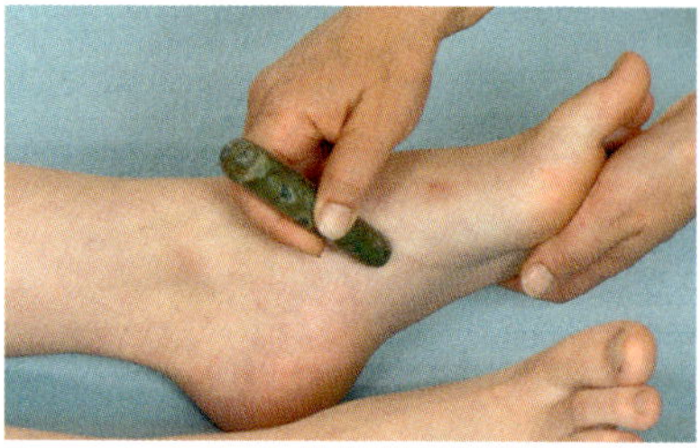

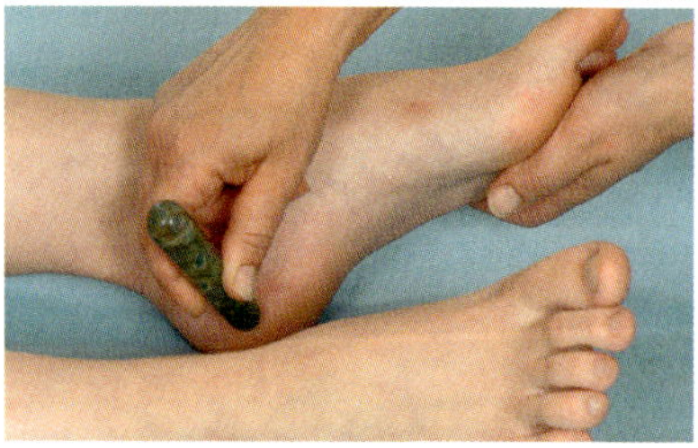

Gehen Sie nun von der Ferse fließend weiter zum Sprunggelenk und streichen Sie etwa zehn Mal langsam den ganzen oberen Fußbereich vom Sprunggelenk bis zu den Zehenspitzen aus.

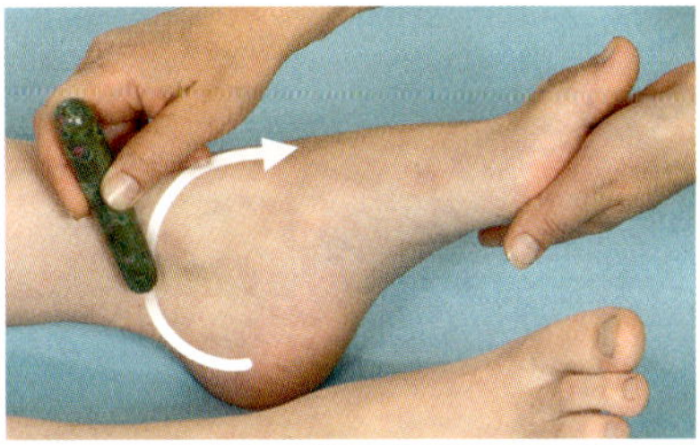

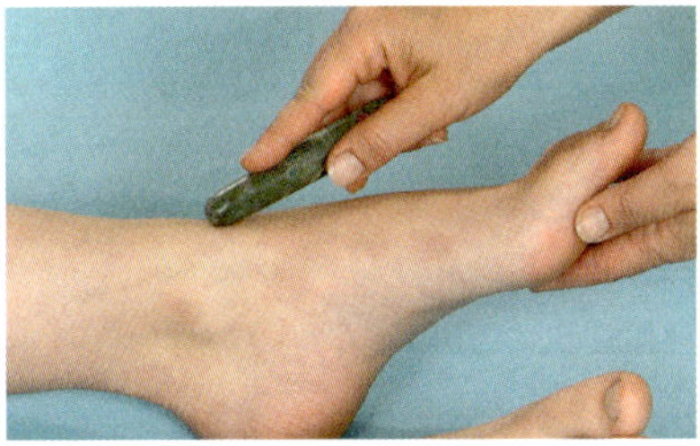

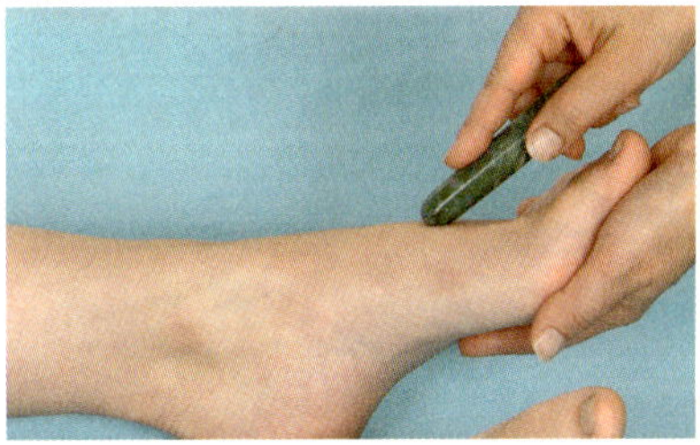

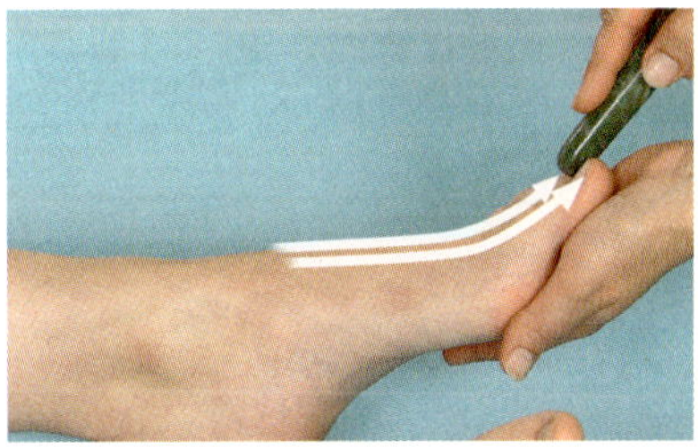

Nun wird die Fußsohle von den Zehenballen bis zur Ferse massiert. Hier kann auch sehr gut mit einer warmen Edelsteinkugel gearbeitet werden. Generell gilt: Je dicker die Haut, je mehr Druck darf ausgeübt werden. Besonders wohltuend ist die Massage

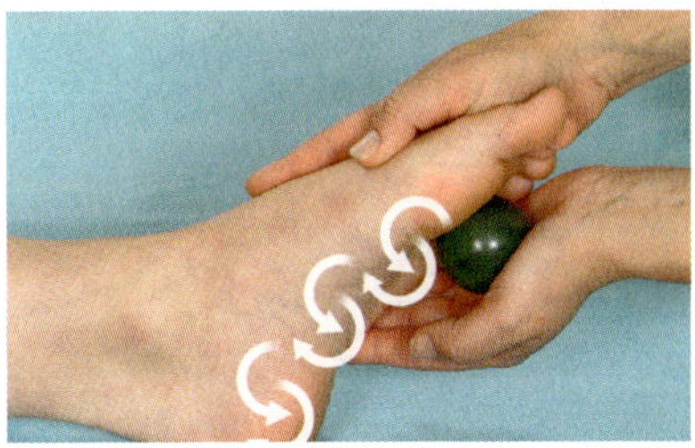

an der Ferse, die dem Beckenbereich entspricht. Die Bewegungen fließen ineinander, ob in Kreisen, Spiralen oder Achterbewegungen.

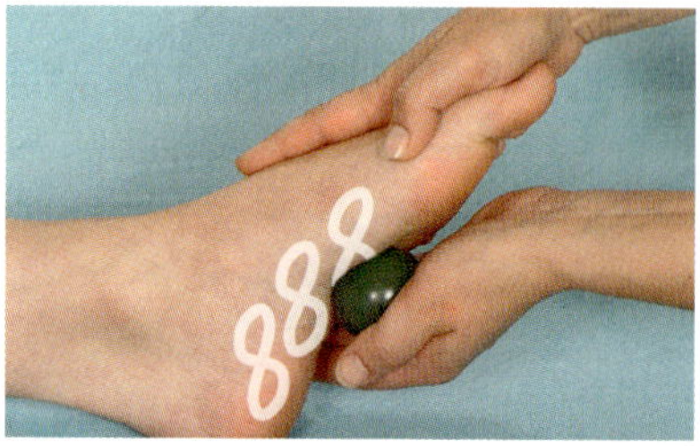

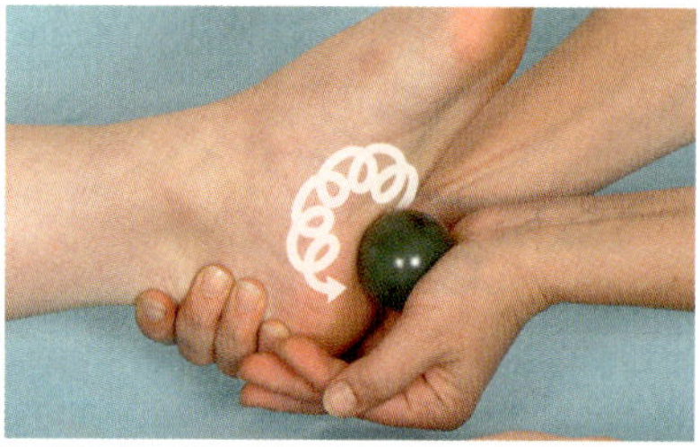

Bevor Sie von der Kugel zum Griffel wechseln, drücken Sie die Kugel sanft in die Ferse ein. Sie können diesen Griff mit Ihrem Atem unterstützen. Lassen Sie die Kugel drei Mal einsinken.

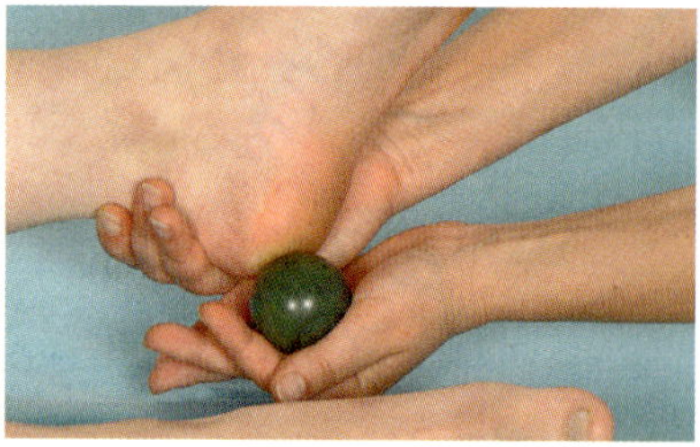

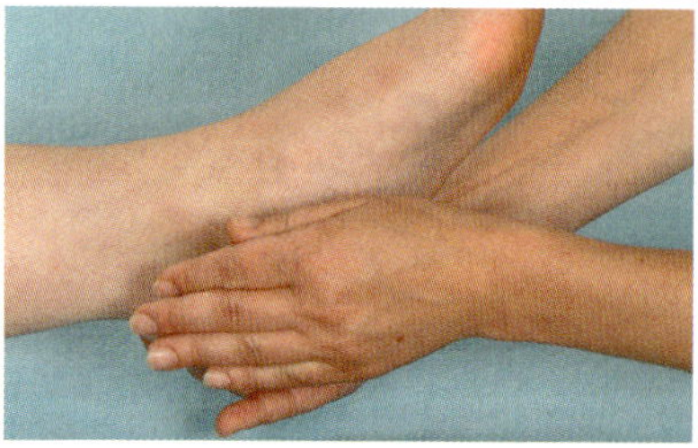

Massieren Sie anschließend an der Innenkante des Fußes sanft in etwa 1 cm versetzten Druckpunkten vom großen Zeh bis zur Ferse. Hier arbeiten wir wieder an den Reflexzonen der Wirbelsäule.

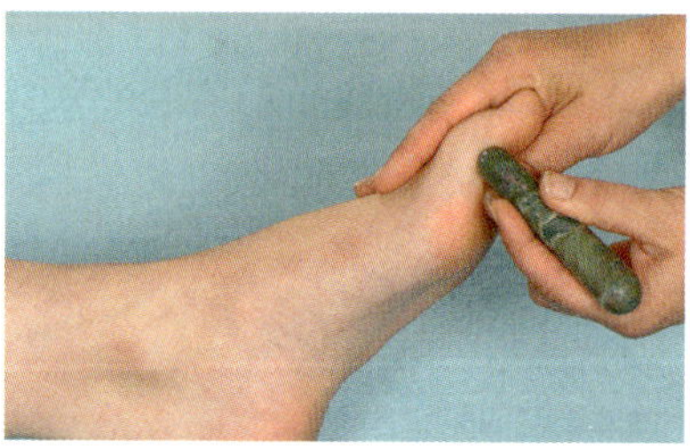

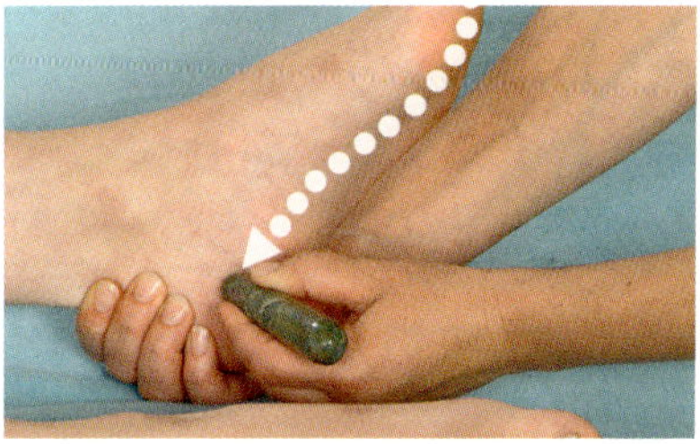

Zum Schluß wird der Fuß mit der Hand nochmals sanft und langsam durchgeknetet und ausgestrichen. Zum Abschluß ziehen Sie sanft an den einzelnen Zehen.

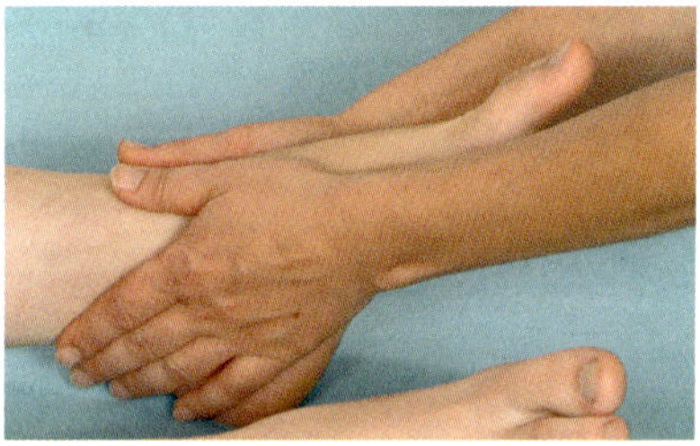

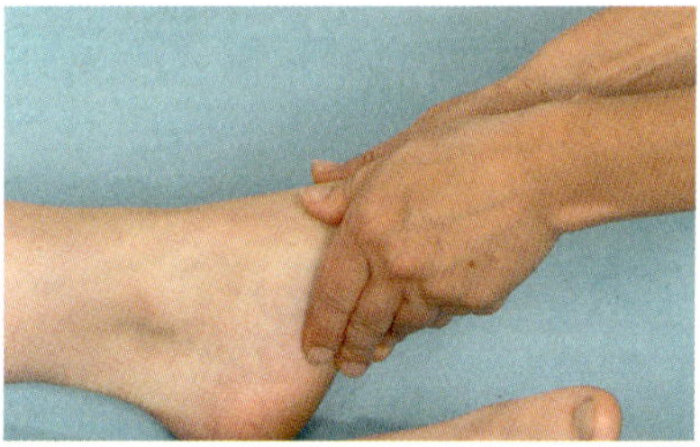

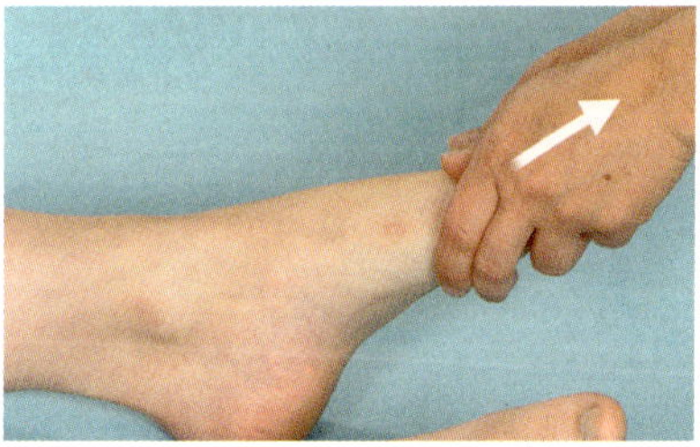

Danach wird der linke Fuß in ein warmes Tuch gehüllt und der rechte in gleicher Weise massiert. Achten Sie auch hier auf einen fließenden Übergang.

## *Sich hallo sagen*

Über unsere Hände können wir besonders viel Energie aufnehmen und abgeben. Sie sind maßgeblich beteiligt am Kontakt zur Außenwelt. Außerdem befinden sich an den Händen, genau wie an den Füßen, Reflexzonen und die Meridianverläufe des Körpers. Beim Massieren fällt auf, daß die zweite Hand schneller entspannt, sie lernt reflektorisch bei der Massage der ersten mit. Jedoch sollte die Dauer der Massage für den zweiten Arm trotzdem nicht kürzer sein. Gerade an den Gelenken, also an Handgelenk, Ellenbogen und Schultern, ist der Energiefluß oft blockiert. Massieren Sie diese Bereiche daher besonders ausgiebig und sanft – auch um die Gelenke herum. In diesem Massageabschnitt kommt nun eine Edelsteinkugel mit etwa 3 - 4 cm Durchmesser zum Einsatz.

Geben Sie zu Beginn ein wenig Massageöl auf die linke Hand und den linken Arm und massieren Sie dieses sanft ein.

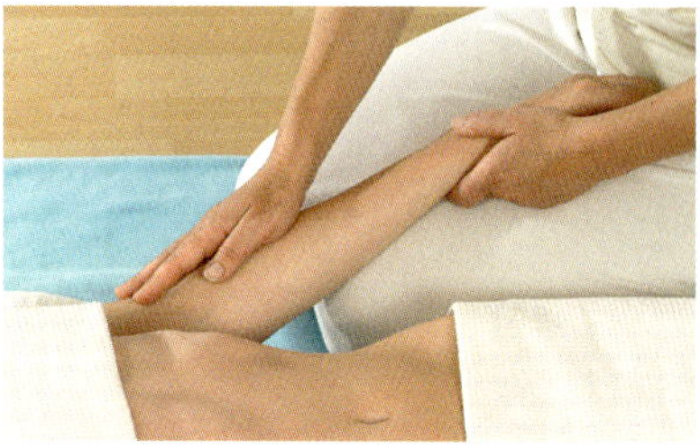

Nehmen Sie nun eine Edelstein-Kugel und massieren Sie zuerst sanft, dann etwas stärker die Handflächen einschließlich der Fingerinnenseiten. Rollen Sie die Kugel mit einer Hand in kleinen Kreisen, während

Ihre andere Hand die Hand Ihrer Massagepartnerin stützt und sicher hält. Bewegen Sie die Kugel so, daß sie immer wieder um ein anderes Zentrum kreist. Beobachten Sie dabei Ihre Massagepartnerin und variieren Sie den Druck.

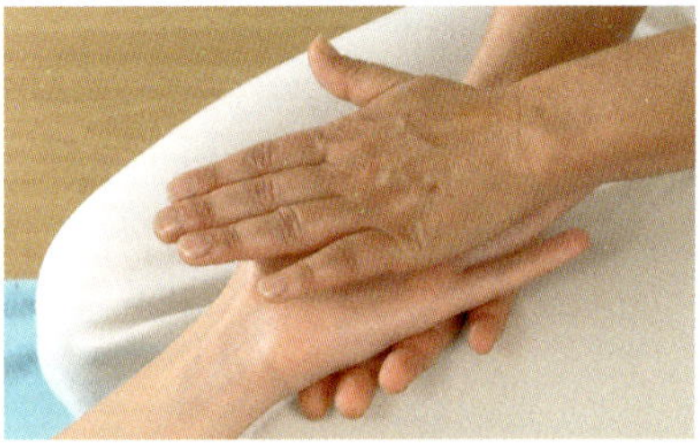

Streichen Sie am Handgelenk beginnend die einzelnen Finger bis zu den Fingerspitzen und etwas darüber hinaus aus, so als ob Sie Spannungen einfach herausziehen würden.

Führen Sie die Kugel nun zum Handgelenk und ziehen Sie dort sanfte liegende Achterbewegungen über die zwei kleinen Hügel, die sich vor der Handgelenksfalte zeigen. Dieser Griff nennt sich »Sonne und Mond«.

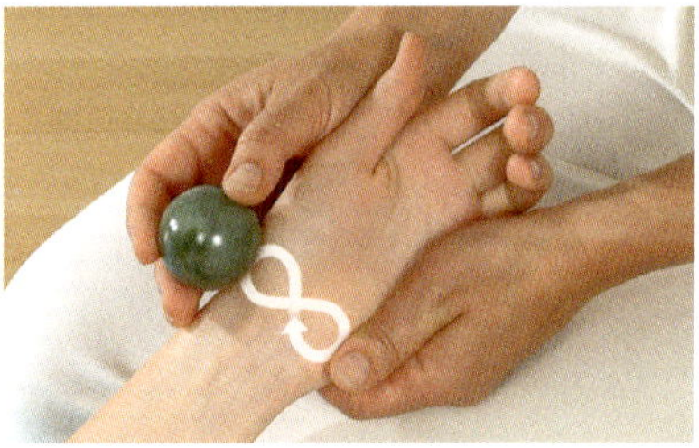

Ziehen Sie nun mit der Kugel ausgehend vom Handgelenk (wie auf der Handinnenfläche) die einzelnen Finger entlang.

Beginnen Sie jetzt, den Unterarm mit der Kugel auszustreichen. Zunächst Richtung Ellenbogen, um diesen herum und wieder zurück. Wenn Sie etwas Übung haben, können Sie dazu die Kugel einmal in Ihre rechte und einmal in Ihre linke Hand nehmen.

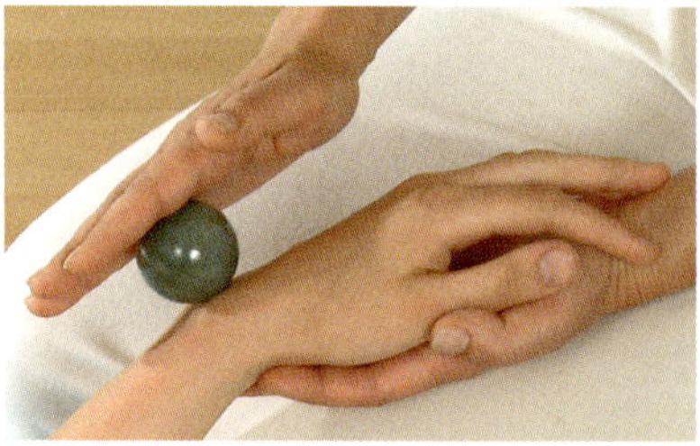

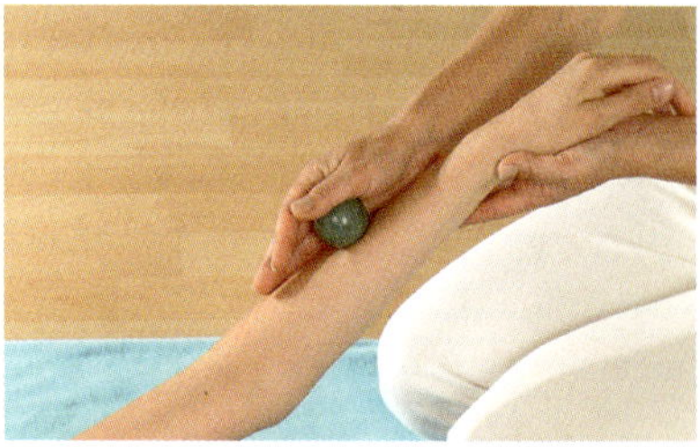

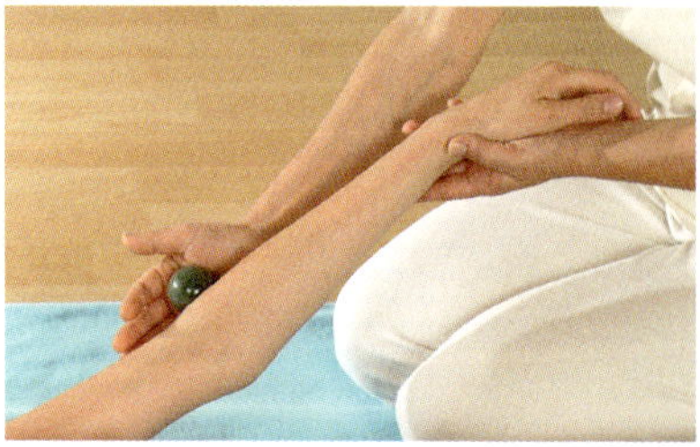

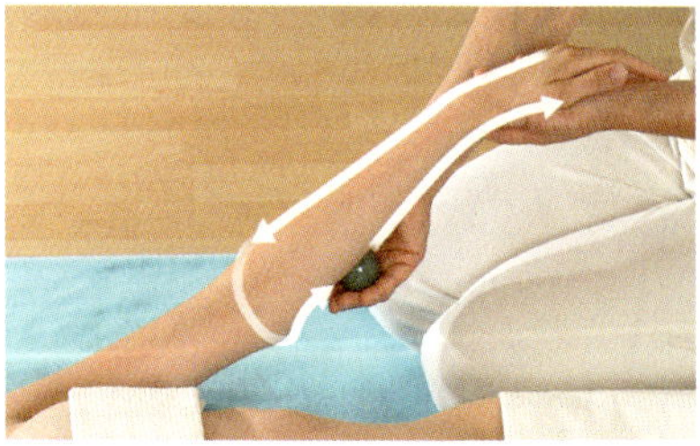

Die gleichen Streichungen wiederholen Sie nun am Oberarm. Besondere Aufmerksamkeit sollten Sie dem Schultergelenk widmen, dieses können Sie immer wieder umkreisen.

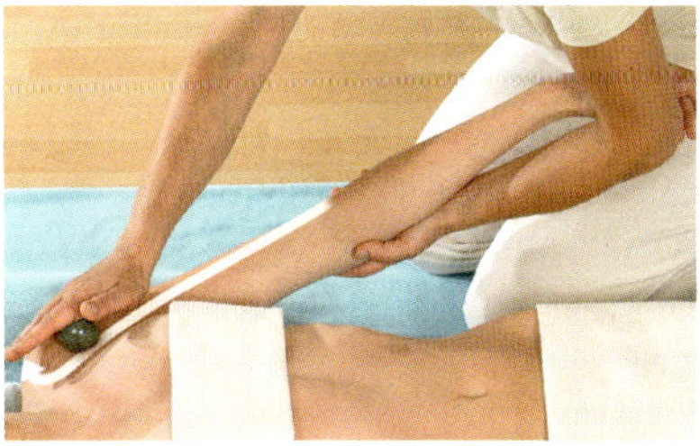

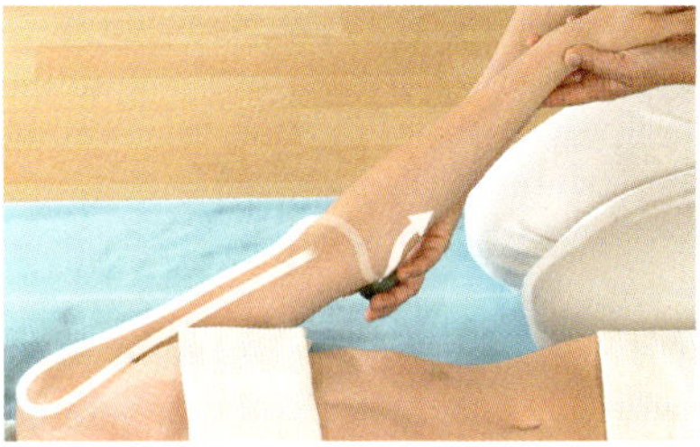

Streichen Sie anschließend in langen Bewegungen den ganzen Arm an den Schultern beginnend in Richtung Hände aus.

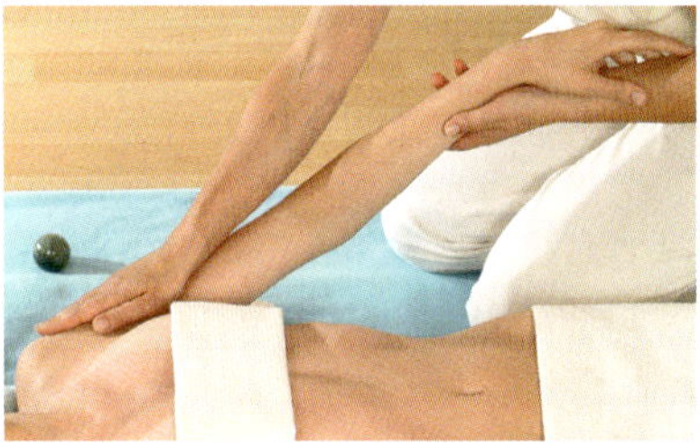

Zum Schluß kneten Sie die Hände nochmals in sich nach außen öffnenden Bewegungen (Handinnenfläche und Handrücken).

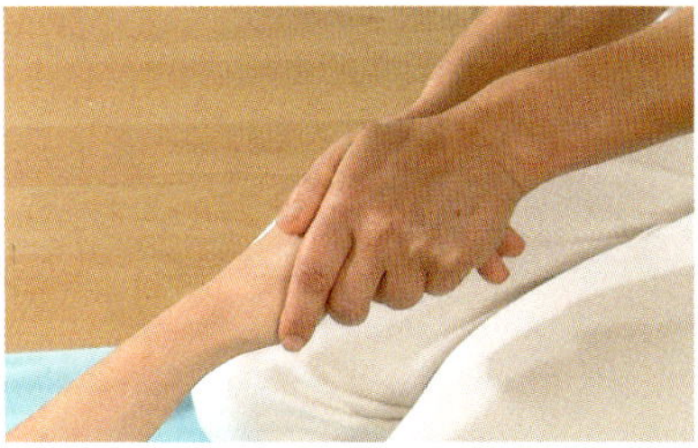

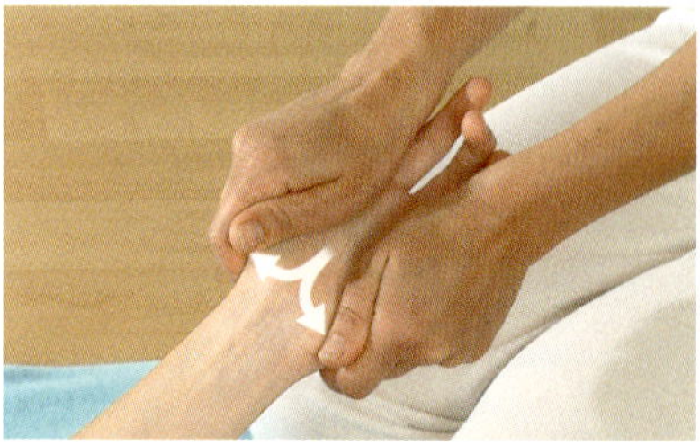

Ziehen Sie nun die Finger zum Abschluß vorsichtig lang.

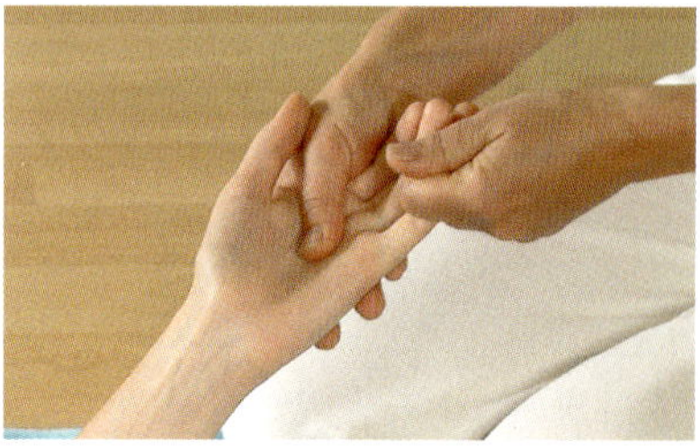

Hüllen Sie den linken Arm in ein warmes Tuch und massieren Sie den rechten Arm in gleicher Weise. Achten Sie auch hier bitte auf einen fließenden Übergang von einem Arm zum anderen.

## Das Gesicht zeigen

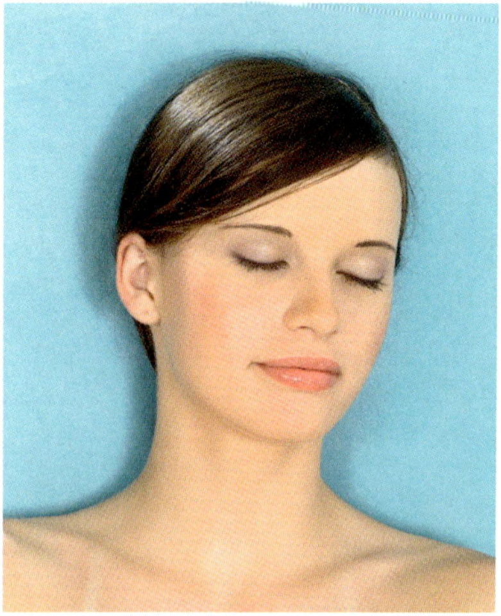

Nun dürfte Ihre Massagepartnerin schon ziemlich entspannt vor Ihnen liegen. Ist das nicht der Fall, überprüfen Sie, ob etwas nicht in Ordnung ist. In vielen Fällen erlebe ich, daß durch die bisherige Behandlung schon so viel »in Fluß« gekommen ist, daß die Massagepartnerin nochmals zur Toilette muß, aber nichts sagt. Um das zu vermeiden, sage ich immer zu Beginn der Behandlung, wenn ich Tee oder Wasser reiche, daß es ganz normal und ein gutes Zeichen ist, wenn der Körper schon während der Behandlung anfängt, »in Fluß« zu kommen.

Selbst im Sommer habe ich meistens eine *leichte* Wolldecke als Zudecke über dem Laken, da bei dieser intensiven Behandlung die Energie der Massagepartnerin sehr »nach innen gerichtet ist« und sie daher leicht friert. Wenn jemand auf die Frage, ob es warm genug sei, mit »es geht schon« antwortet, dann ist es zu kalt. Ich sage dann immer: »›Geht schon‹ reicht mir nicht«, und alle lassen sich bereitwillig zudecken.

Im Gesichtsbereich wird nun mit weniger Druck gearbeitet, besonders an den Schläfen. Hier wird mit zwei Edelstein-Griffeln und teilweise mit zwei Trommelsteinen synchron gearbeitet, was den Ausgleich der beiden Gehirnhälften fördert und meist als sehr harmonisch empfunden wird. Achten Sie bitte bei der Gesichtsmassage darauf, daß die Steine nicht zu heiß sind!

Geben Sie nun ein wenig warmes Öl auf das Gesicht, den Hals und das Dekolleté. Verteilen Sie das Öl mit sanft kreisenden Bewegungen.

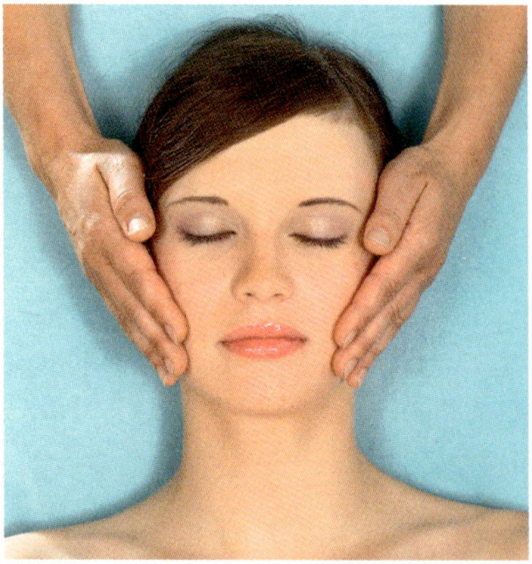

Beginnen Sie mit Chalcedon-Trommelsteinen in ganz zarten, stehenden Kreisen, die sich immer um etwa eine Fingerbreite nach unten versetzen, den Hals vom Ohrläppchen bis zur Schlüsselbeingrube entlang zu massieren. Der Kehlkopfbereich und die Schilddrüse werden ausgespart. Wiederholen Sie diese Bewegung drei Mal. Mit dieser Massagetechnik und der Wirkung des blauen Chalcedons regen sie den Lymphfluß an und bereiten optimal auf die Gesichtsmassage vor.

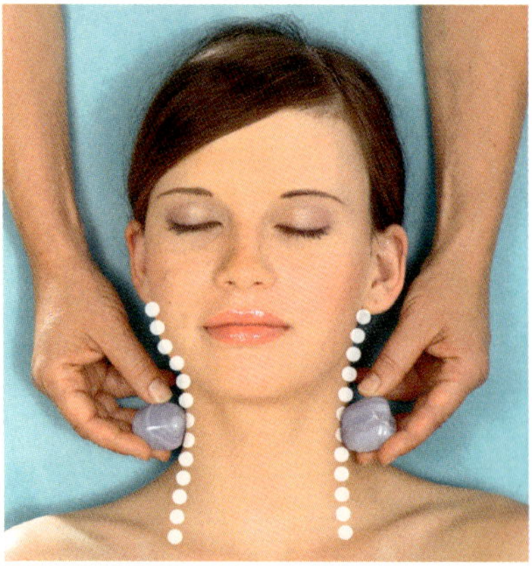

Setzen Sie nun die Edelstein-Griffel an der Nasenwurzel an und ziehen Sie diese sanft über den Kopf so weit es geht. Streichen Sie dann hinter dem Ohr vorbei bis zu den Schultern aus. Es folgt dieselbe Bewegung von der Mitte der Augenbrauen und zuletzt vom Ende der Augenbrauen ausgehend.

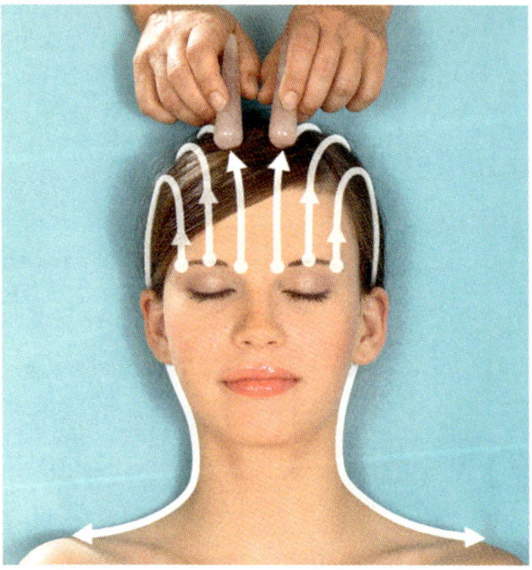

Dann streichen Sie die Stirn von der Mitte ausgehend zu den Schläfen und darüber hinaus aus. Beginnen Sie auf den Augenbrauen mit den ersten streichenden Bewegungen und enden am Haaransatz (oder dort, wo er sein sollte...) Die weiteren Striche erfolgen jeweils um eine Fingerbreite nach oben versetzt. Die Bewegung hört erst auf der Liege oder Unterlage auf.

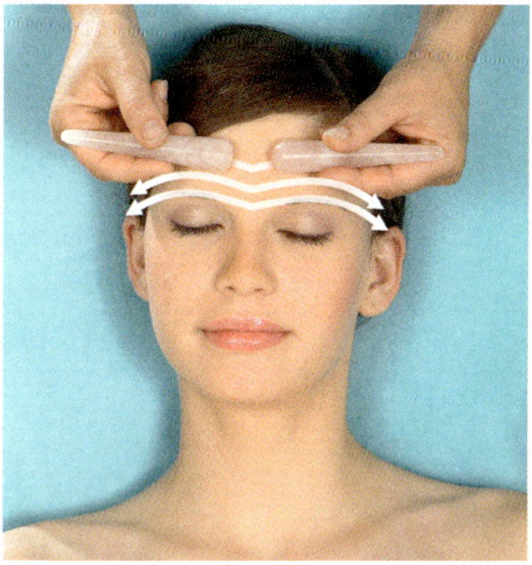

Nun nehmen Sie die Griffel so, daß sie flach an der Stirn anliegen. Mit rotierend-wechselnden Ausstreichungen massieren Sie die ganze Stirnbreite zum Haaransatz hin.

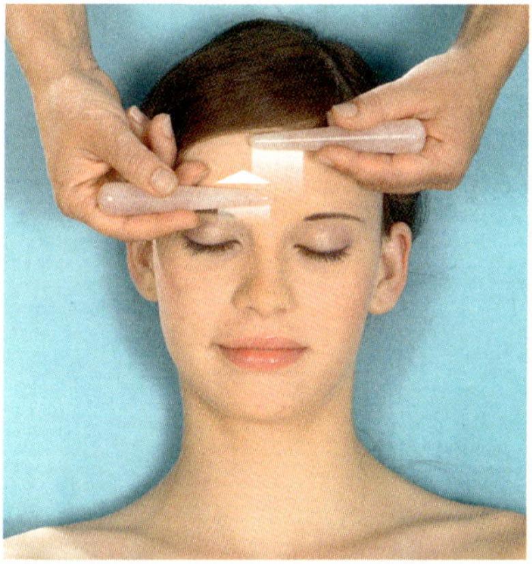

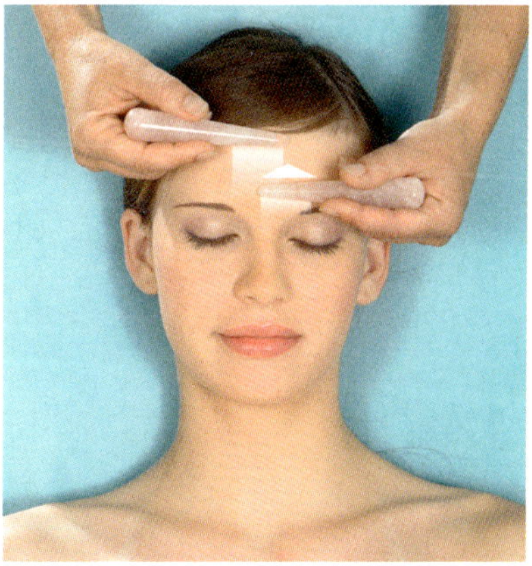

Fixieren Sie nun den Akupressurpunkt zwischen Augeninnenwinkel und innerem Ende der Augenbraue für einen Moment. Dieser Punkt liegt auf dem Blasenmeridian und bewirkt zudem eine Vertiefung der Entspannung.

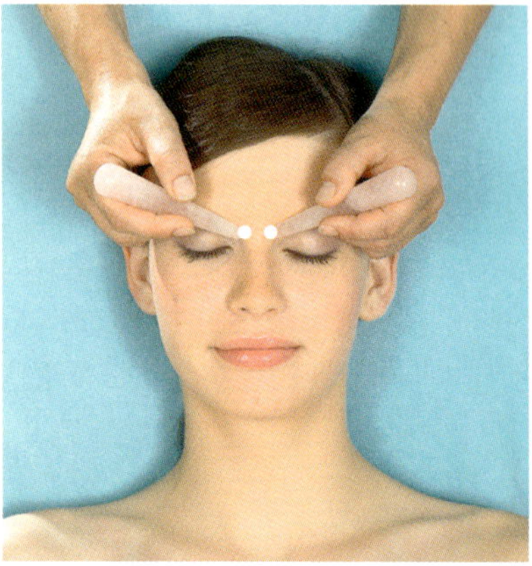

Ziehen Sie dann die Griffel (mit leichtem Druck Richtung Stirn) mehrmals über die Augenbrauen hin zu den Schläfen und lassen Sie die Bewegung hinter dem Ohr auslaufen. *Achtung: Keinen Druck auf die Schläfen ausüben!*

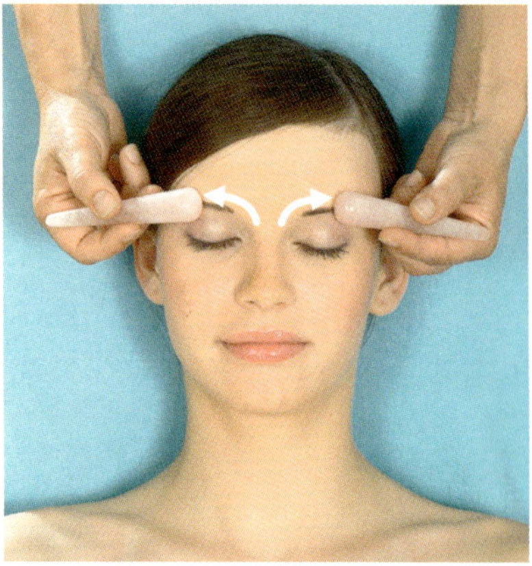

Setzen Sie die Griffel anschließend direkt auf die Schläfen und führen Sie diese in einer äußerst zarten spiralförmigen Bewegung zu sich hin. Dieser Griff hilft, Druck aus dem Kopfbereich zu nehmen.

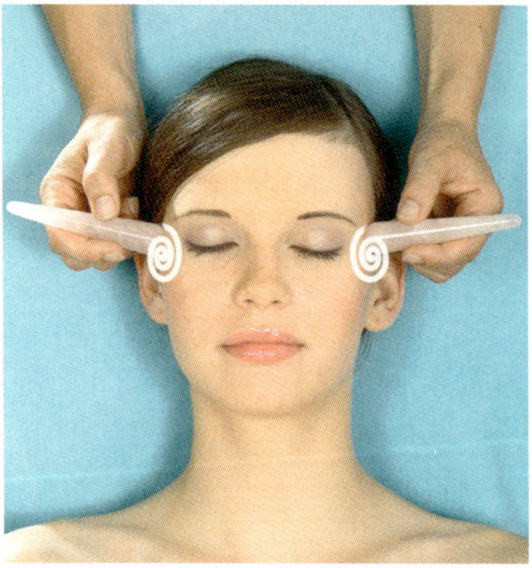

Nun massieren Sie an der Nasenwurzel beginnend in kleinen liegenden Achterbewegungen die ganze Wangenpartie bis zum Kinn.

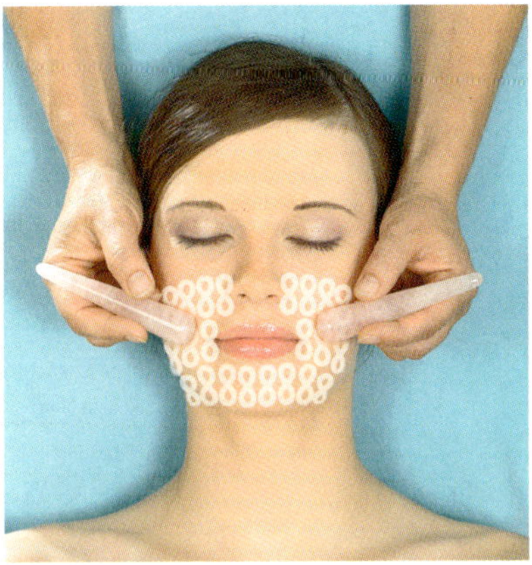

Besondere Beachtung legen Sie bitte auch auf die Kiefermuskulatur vor und unterhalb des Ohres. Hier können auch stehende Kreise viele Spannungen lösen.

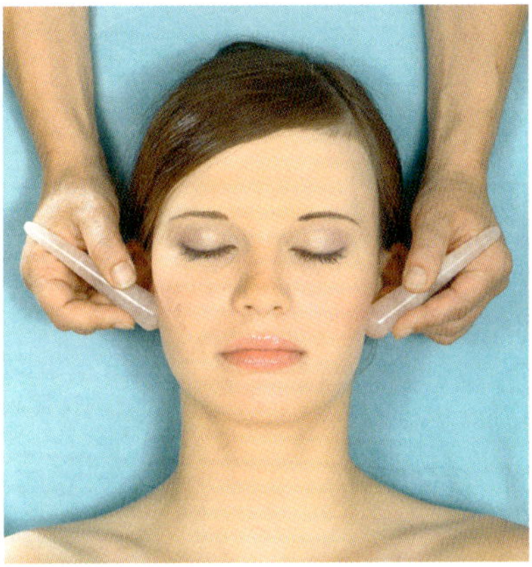

Anschließend rollen Sie die Griffel von oben nach unten einige Male über die Wangen.

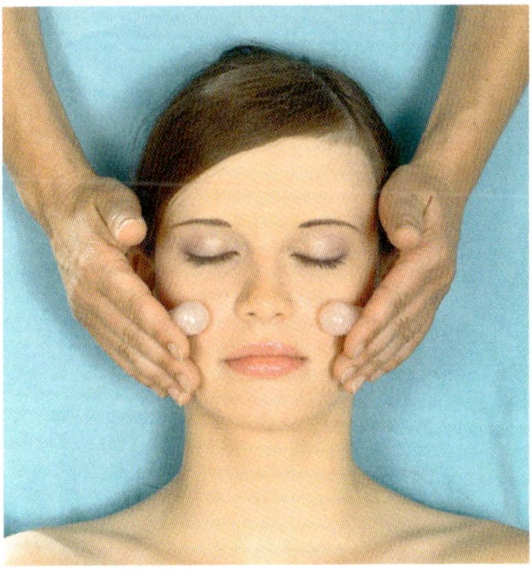

Massieren Sie nun in kleinen Kreisen den Unterkiefer von der Kinnmitte beginnend bis zum Kiefergelenk.

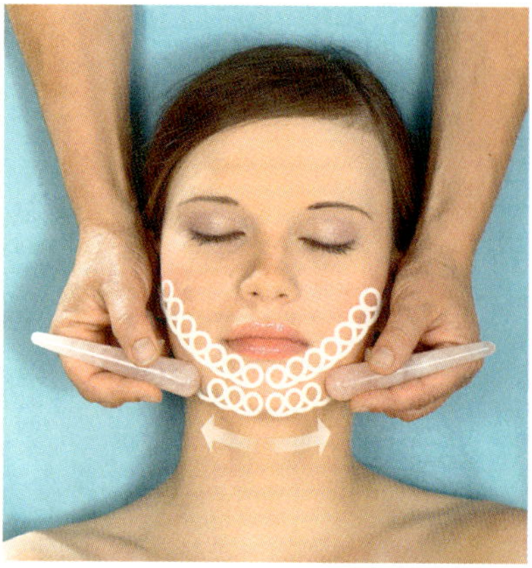

Massieren Sie anschließend in kleinen Kreisen auch den Oberkiefer, unter der Nase beginnend und unter dem Jochbein entlang bis zum Kiefergelenk.

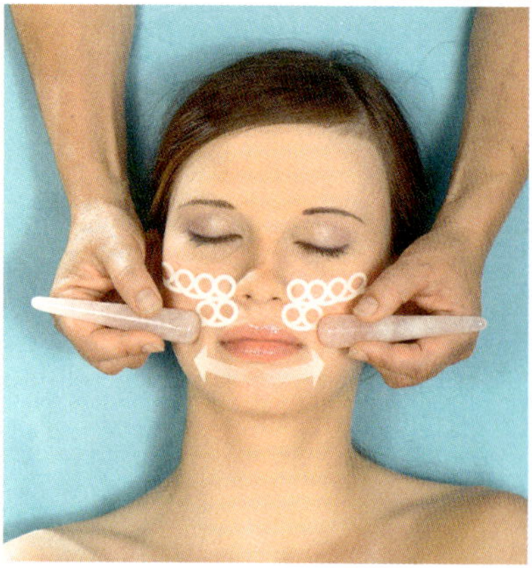

Den folgenden Griff nennt man Yin-Yang-Ausgleich: Legen Sie eine Griffelspitze sanft auf den Druckpunkt über der Oberlippe im Grübchen und die andere Griffelspitze senkrecht darunter unter der Unterlippe. Verweilen Sie etwa 10 Sekunden in dieser Position und wechseln dann ganz sanft die Griffel, so daß der Griffel, der zuerst oben lag, nun unten verweilt und umgekehrt.

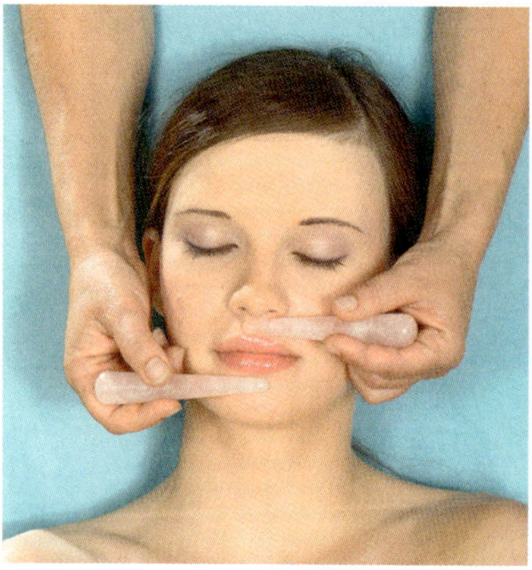

Bringen Sie anschließend – wie zu Beginn – mit den Chalcedon-Trommelsteinen noch einmal die Halslymphe in Fluß.

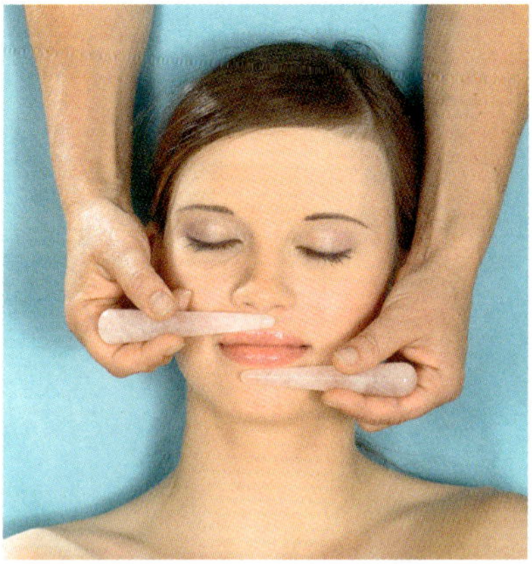

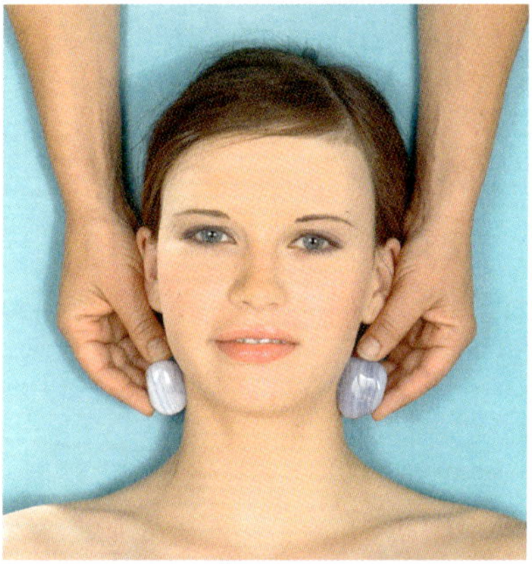

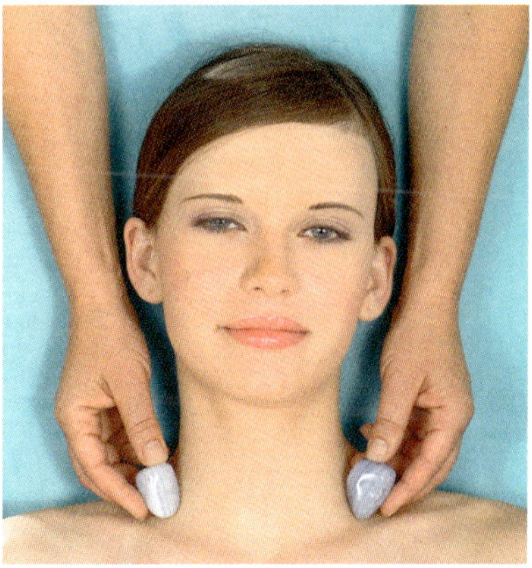

Zum Abschluß legen Sie für etwa 30 Sekunden zwei flache Bergkristallscheiben auf die Augen oder streichen Sie die Augenpartie sanft mit dem kühlen Stein aus.

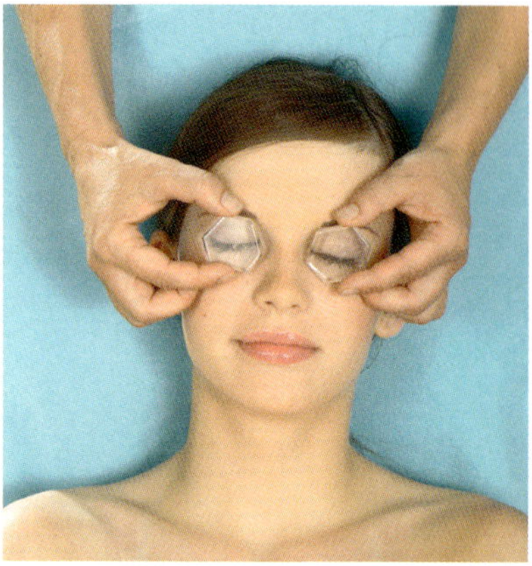

Danach wird das ganze Gesicht nochmals mit den Händen fächerartig ausgestrichen.

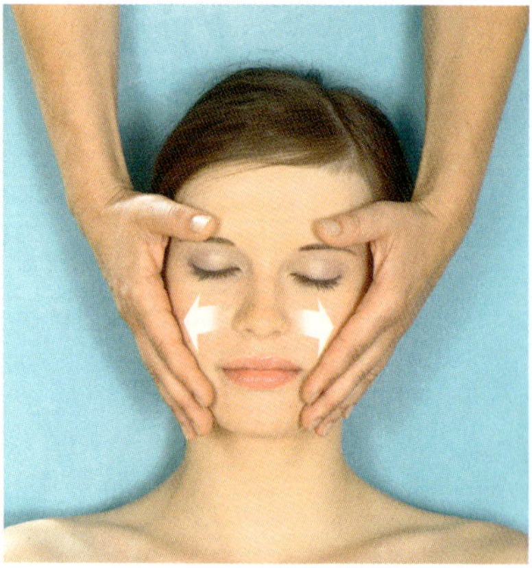

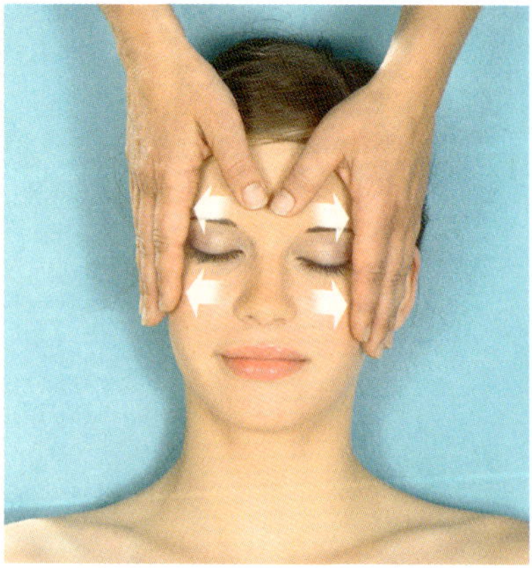

**Tip**: Bei starken Verspannungen der Kiefermuskulatur hat sich das Auflegen eines möglichst flachen Rauchquarz auf die Partie vor dem Ohr und das Aufsetzen einer Stimmgabel in der Tonhöhe 240 Hz auf den Stein sehr bewährt.

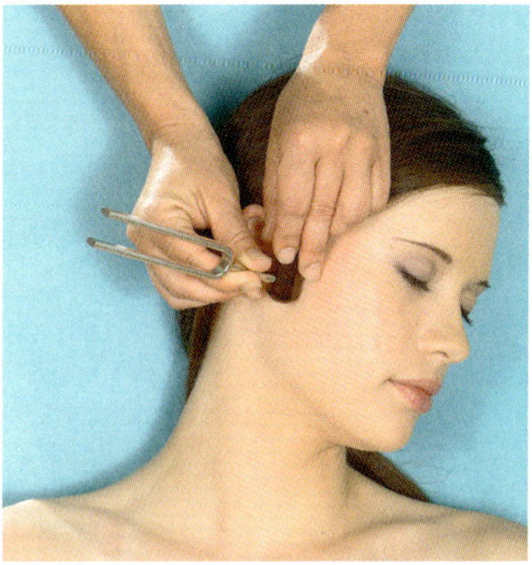

Nach zwei- bis dreimaligem Aufsetzen der Stimmgabel wird am Vibrieren des umliegenden Gewebes ersichtlich, daß eine Entspannung eintritt. Anschließend wird die Behandlung auf der anderen Seite wiederholt (mehr dazu finden Sie im Kapitel Klangtherapie in »Die Individuelle Therapie« von Rainer Strebel und Michael Gienger, AT-Verlag). Das Ergebnis bei einer Kundin war fantastisch. Sie sah ganz anders aus und bemerkte das selber. Sie hatte einen viel weicheren Gesichtsausruck und erzählte mir dann, daß während der Stimmgabel-Behandlung vieles, was ihr Streß bereitete, einfach mit dem Klang »wegflog«.

Für die Gesichtsbehandlung hat sich Rosenquarz als sehr erfolgreich erwiesen. Die Haut wird mit Rosenquarz tatsächlich »rosiger«, besser durchblutet, weicher und entspannter. Zur Massage verwende ich Rosenquarzöl und zur Krönung gebe ich immer noch einen Tropfen reines Rosenöl in das Schälchen mit dem leicht angewärmten Massageöl. Besonders ausgedehnte Gesichtsmassagen der Edelstein-Balance mit Rosenquarz und Rosenöl nenne ich »Rosenquarz-Harmony«.

## *Feel free!*

Durch falsche Haltung und innere Anspannung ist unsere Zwischenrippenmuskulatur – jene Muskeln, die die Atmung maßgeblich beeinflussen – meist unter Spannung. Bei meinen Behandlungen erlebe ich gerade bei der Dekolleté-Behandlung, wie meine Massagepartnerinnen plötzlich aufatmen, als ob ihnen ein Band von der Brust genommen wurde. Die Atmung wird freier und tiefes Wohlbefinden tritt ein. Ich massiere das Dekolleté meist mit gut angewärmten Edelstein-Griffeln oder Edelstein-Kugeln und warmem Öl. Durch die Wärme kann sich die Muskulatur noch besser entspannen.

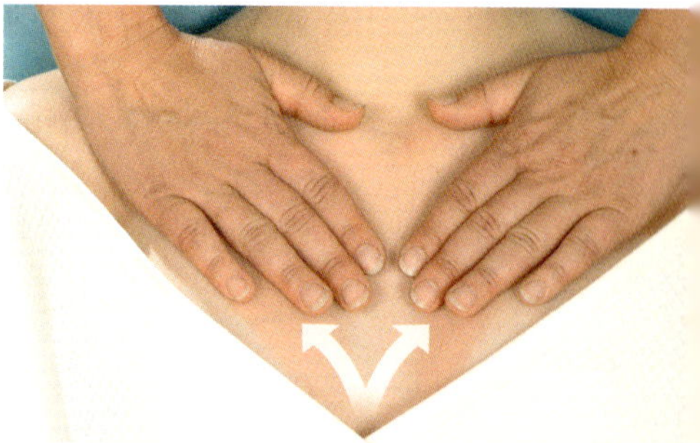

Massieren Sie das ganze Dekolleté zunächst von der Brustbeinmitte nach oben und außen zu den Schultern, abwechselnd in Kreisen und Streichungen erst mit der Hand, dann mit dem Griffel.

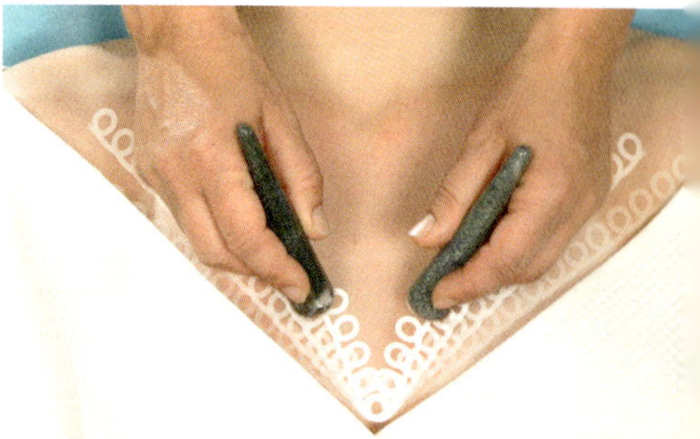

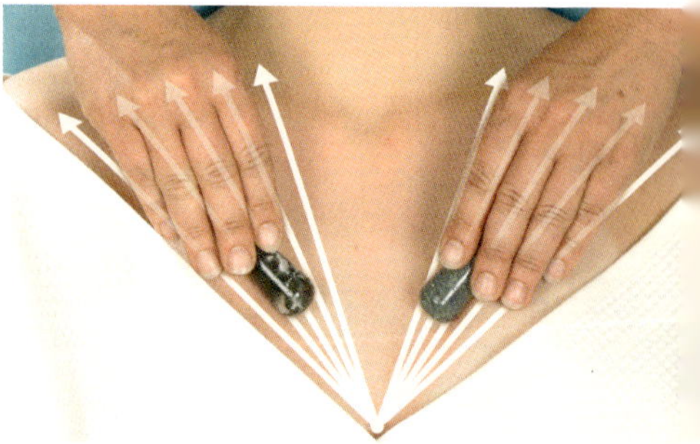

Versuchen Sie nun, die Bereiche zwischen den Rippen zu finden und in rhythmischen punktuellen Auswärtsbewegungen zu stimulieren. Die Druckpunkte enden unter dem Schlüsselbein.

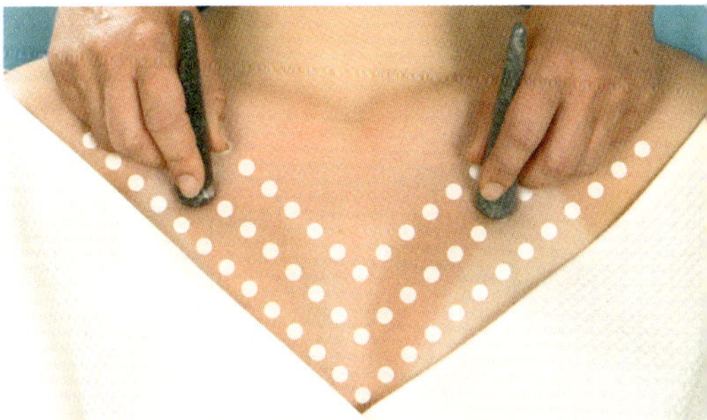

Streichen Sie zum Abschluß nochmals mit den Händen aus, als ob Sie den Brustkorb auseinanderziehen wollen, immer im Verlauf der Rippen vom Brustbein Richtung Schultern.

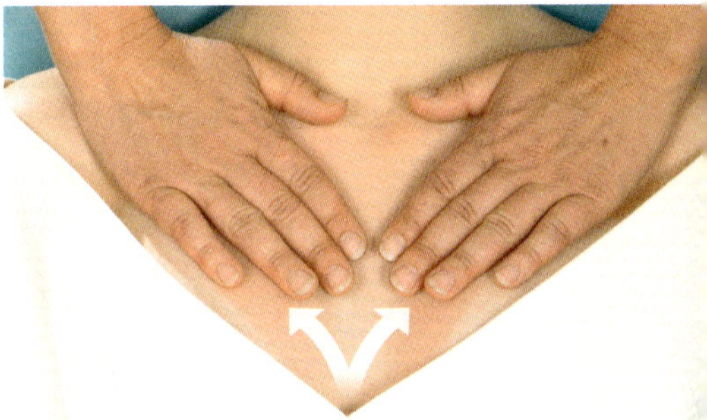

Achten Sie bitte darauf, zwischen den Rippen (besonders angenehm) und nicht auf den Rippen zu massieren (besonders unangenehm)! Bei dieser Massage haben sich Mookait und Moosachat als Massagesteine sehr gut bewährt.

## *Sonne im Bauch*

Kennen Sie das Gefühl, wenn Ihnen die warme Sonne auf den Bauch scheint und sich innen drin alles wonnig und wohlig anfühlt? Der Solarplexus nimmt eine zentrale Rolle im Ausdruck unserer Lebensfreude ein. Wir schenken dem »Bauch« leider viel zu wenig Aufmerksamkeit, außer daß wir über die Speckröllchen murren. Daß er aber eine große Bedeutung hat, sagt schon der Volksmund mit Aussprüchen wie: »auf den Bauch hören«, »ein gutes Gefühl im Bauch«, »aus dem Bauch heraus«... Gönnen wir ihm doch das, was ihm zusteht: Wärme und Streicheleinheiten vom feinsten!

In den meisten Fällen nehme ich eine Mookait-Kugel für die Bauchmassage. Besonders schöne Varianten sind aber gerade für Frauen auch die Massage mit Malachit (bei Krämpfen und Spannungen im Unterbauch und zur Förderung der Sinnlichkeit) oder Mondstein (für das Bauchgefühl und während der Menstruation) sowie Smaragd (zur Stärkung des Immunsystems, zur Harmonisierung des Darms und zur allgemeinen Regeneration).

Verteilen Sie zu Beginn der Massage gut erwärmtes Öl in kreisend-ausstreichenden Bewegungen auf dem Bauch (Uhrzeigersinn).

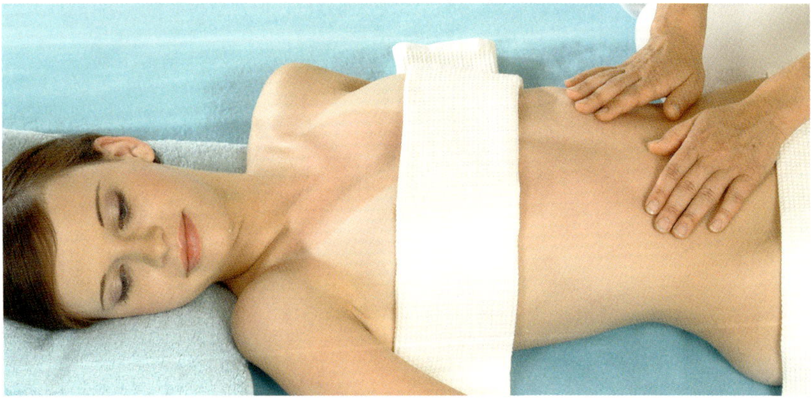

Legen Sie dann die warme Kugel für einige Sekunden auf den Bauchnabel. Führen Sie anschließend die Kugel sanft etwa drei Mal im Uhrzeigersinn über den Bauch, beachten Sie dabei den Darmverlauf.

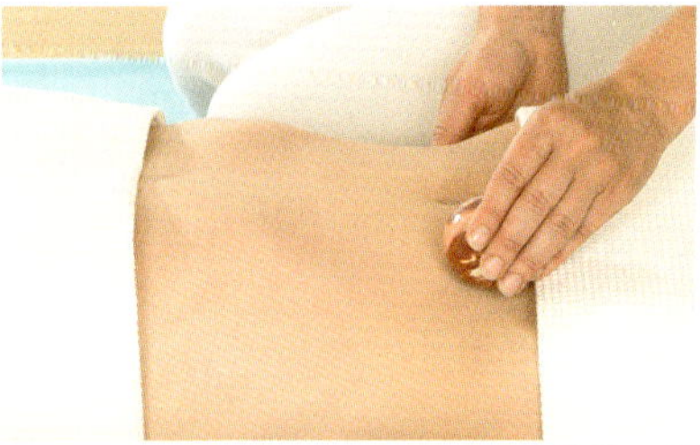

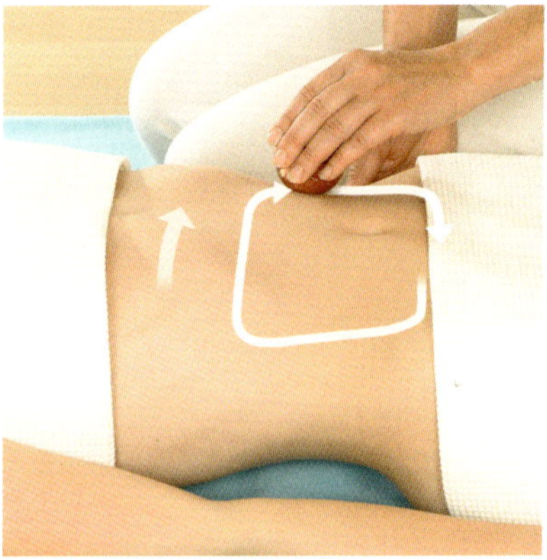

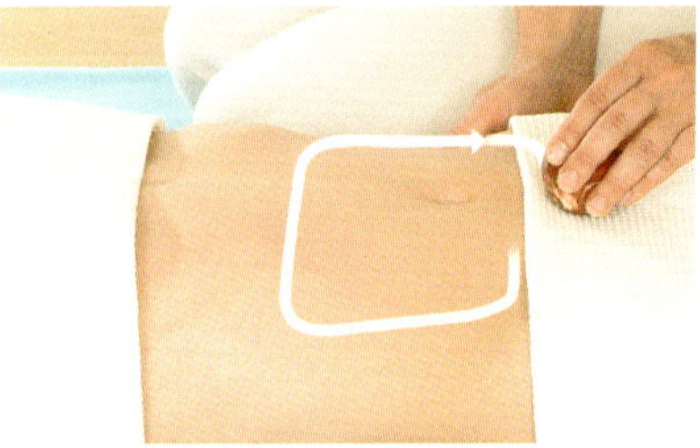

Massieren Sie in kleinen rollenden Bewegungen mit der Edelsteinkugel etwa drei Mal im Verlauf des Dickdarms, also im Uhrzeigersinn, sanft den ganzen Bauch. Seien Sie dabei bitte sehr einfühlsam und beobachten Sie, wo die Kugelbewegung angenehmer oder weniger angenehm erlebt wird. Variieren Sie den Druck entsprechend. In der Blasengegend ist es generell besser, den Druck zu reduzieren.

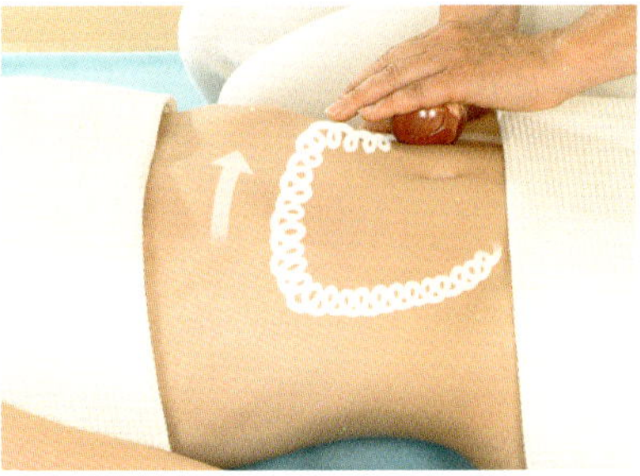

Um den Bauchbereich noch so richtig freizumachen und sozusagen als freudigen Abschluß fahren Sie am Bauchnabel beginnend in dynamischen, aber leichten Bewegungen mehrmals eine spiralförmige, im Uhrzeigersinn drehende Bewegung über den Bauch.

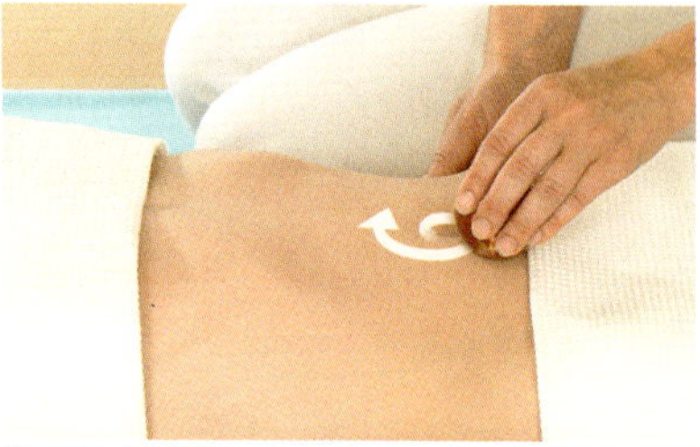

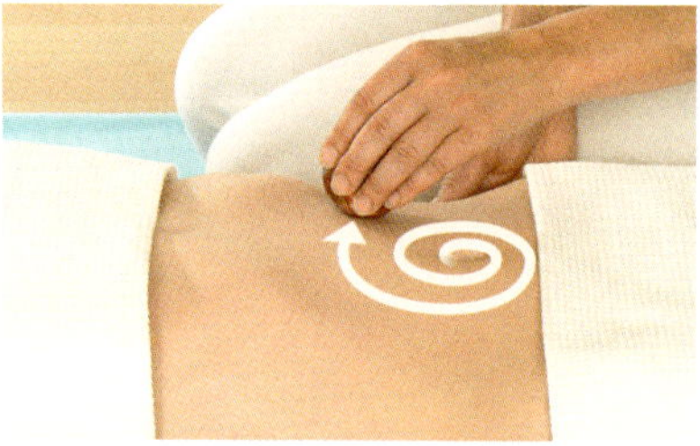

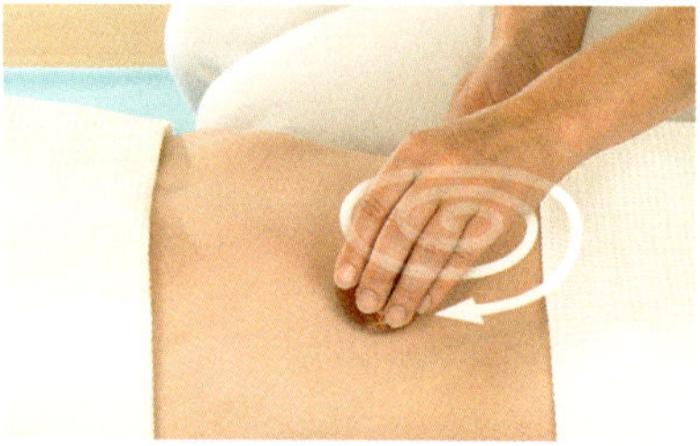

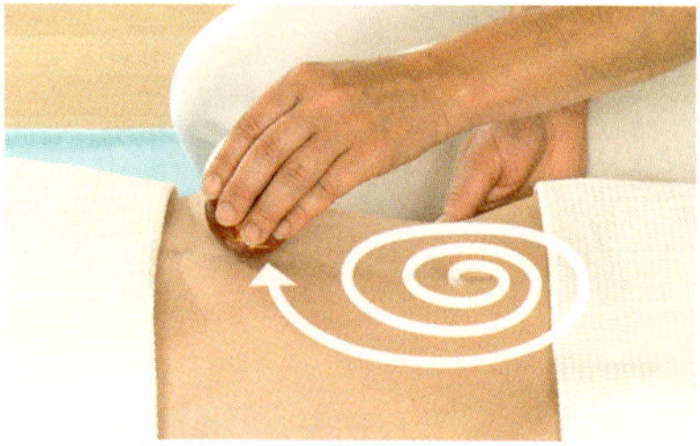

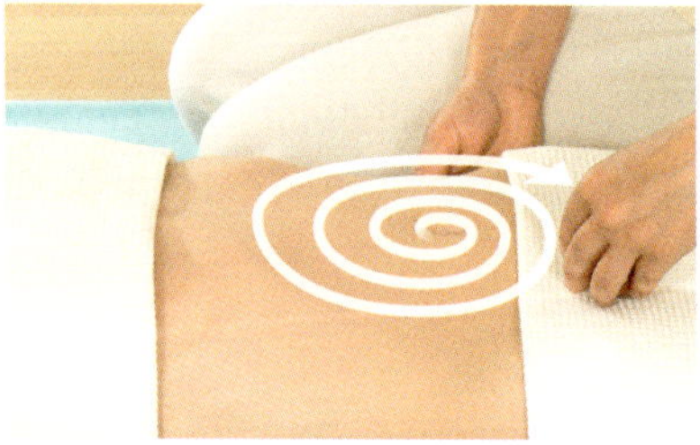

Ziehen Sie nun die Kugel mit der Absicht, Belastendes für die Person wegzuziehen, sanft vom Körper weg und legen Sie die Kugel fort.

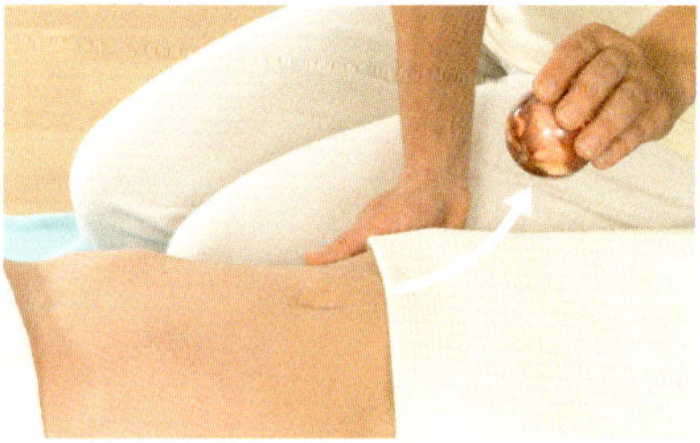

Streichen Sie anschließend den Bauch mit den Händen nach außen aus, als ob Sie ihn öffnen wollten für die schönen Dinge des Lebens.

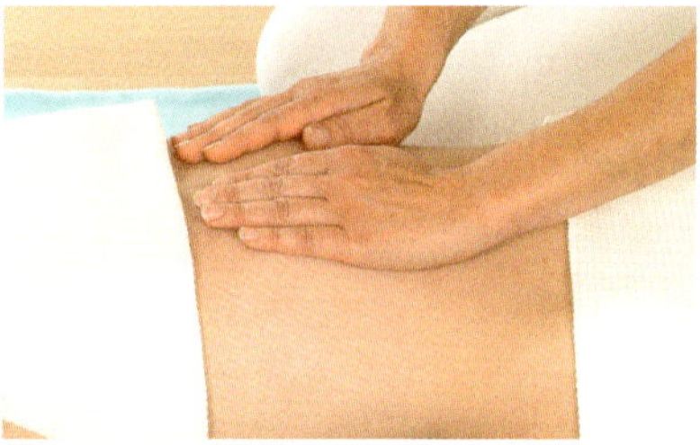

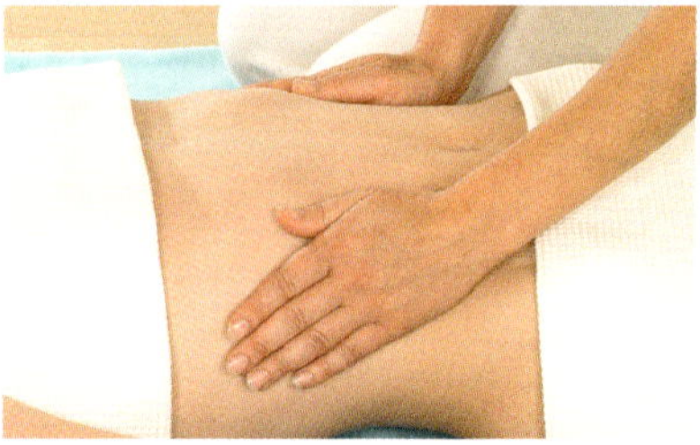

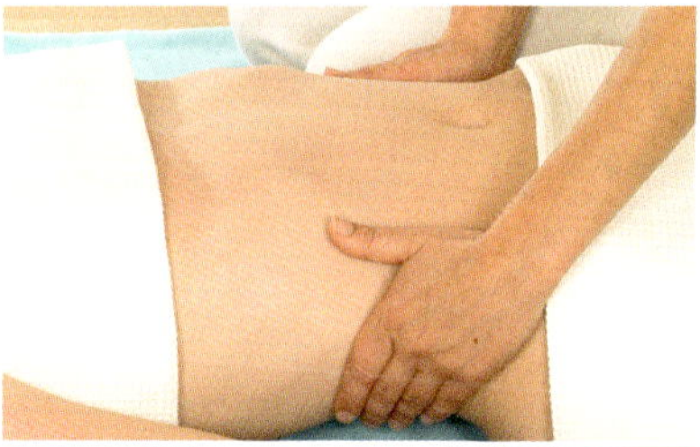

Fahren Sie mit der Hand nochmals etwa drei Mal sanft und ohne Druck über den Bauch, in der Art, wie Sie es selbst tun, wenn Ihnen ein Essen besonders geschmeckt hat.

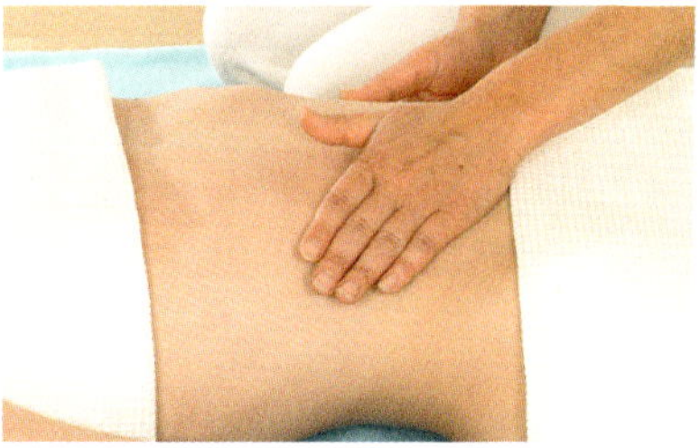

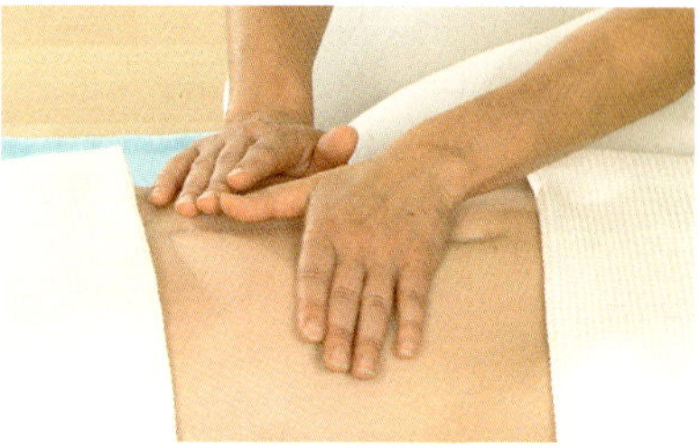

Je nach Impuls können Sie nun einen passenden Seifenstein (meistens nehme ich den Orangen-Calcit) für kurze Zeit auf den Bauchnabel legen, um den Bauch sozusagen mit Sonne und Wärme aufzufüllen.

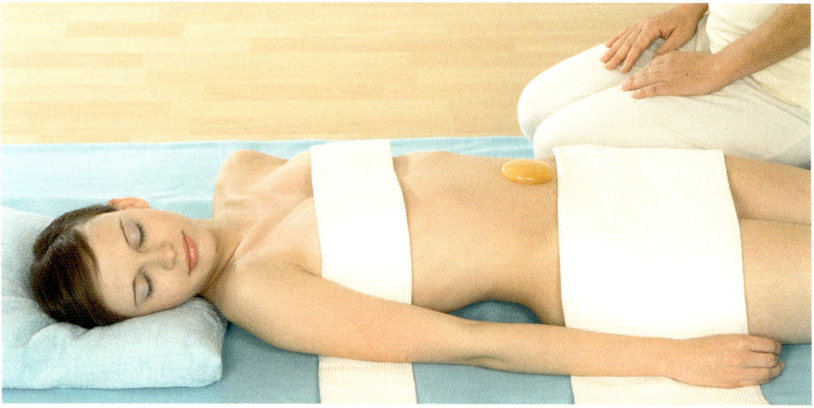

## Auf die Füße kommen

Um Ihrer Massagepartnerin zum Abschluß wieder »auf die Füße« zu helfen, massieren sie mit den Kugeln oder Seifensteinen noch einmal die Beine entlang. Sie können mit einem oder zwei Steinen arbeiten, dabei entweder ein Bein nach dem anderen behandeln oder auch, wenn Sie weniger Zeit zur Verfügung haben, synchron an beiden Beinen arbeiten. Bei dieser Massage berühren Sie vor allem die Entgiftungs-Meridiane Blase, Niere, Leber und Galle, so daß zum Abschluß noch einmal das Loslassen in jeder Hinsicht gefördert wird.

Gleiten Sie auf der Oberseite des Oberschenkels mit den Seifensteinen parallel vom Knie nach oben und ziehen Sie rechts und links seitlich bis in die Kniekehle zurück. Wiederholen Sie diese Bewegung etwa drei Mal.

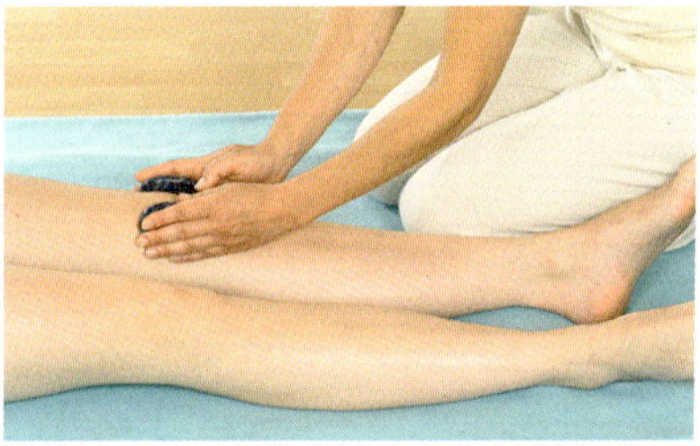

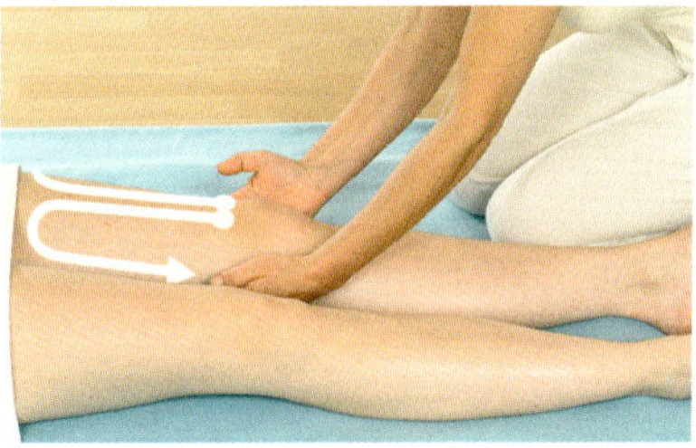

Umkreisen Sie das Knie von allen Seiten (bei Kniegelenkbeschwerden ist hier ein Bernstein der Stein erster Wahl).

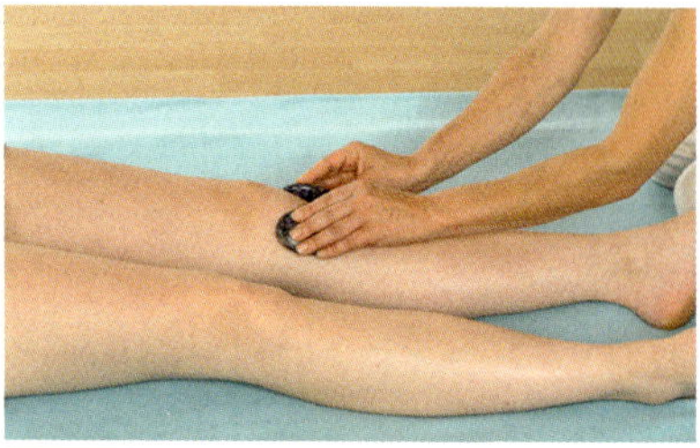

Gleiten Sie nun mit den Seifensteinen rechts und links des Knöchels beginnend auf der Oberseite des Unterschenkels bis zum Knie und auf den Seiten ziehend wieder zurück bis zu den Zehenspitzen.

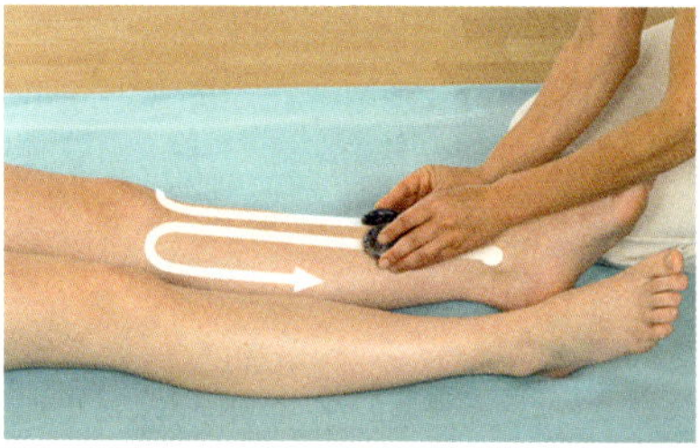

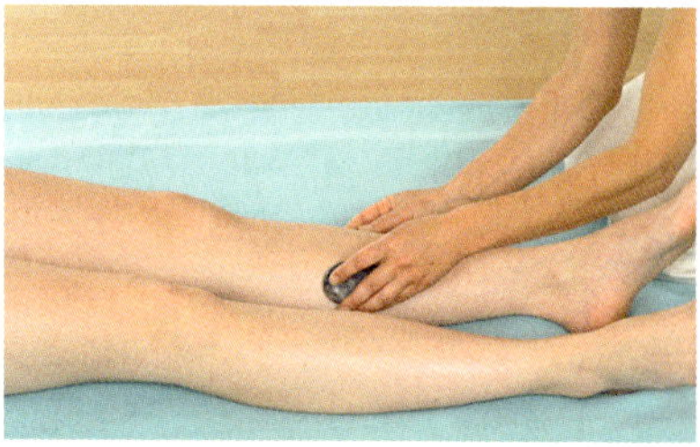

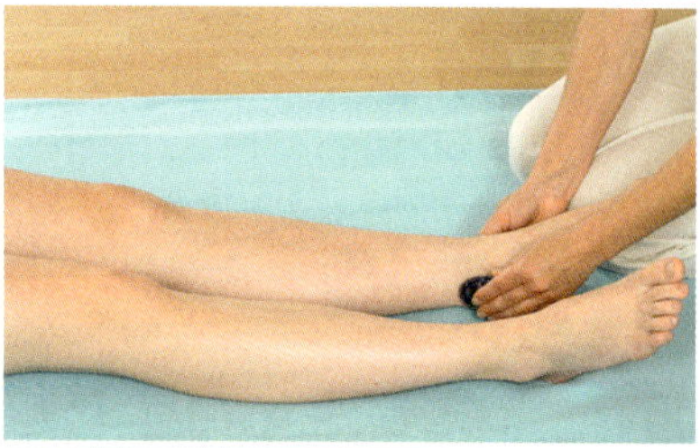

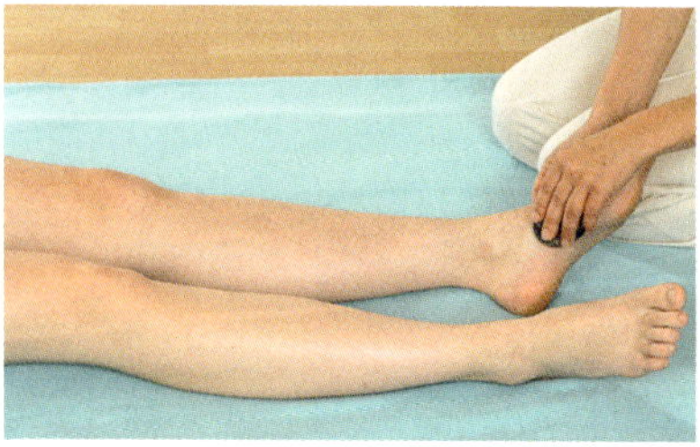

Ziehen Sie die Seifensteine vom Oberschenkel seitlich bis zu den Zehenspitzen, jeden an einer Seite des Beines. Wenn Sie möchten, können Sie sich vorstellen, daß beim Ausstreichen nach unten alles Unnötige den Körper verläßt, während gleichzeitig frische Energie nachfließt.

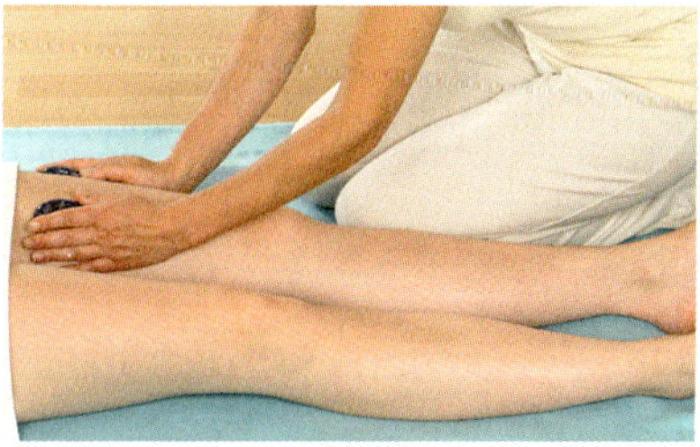

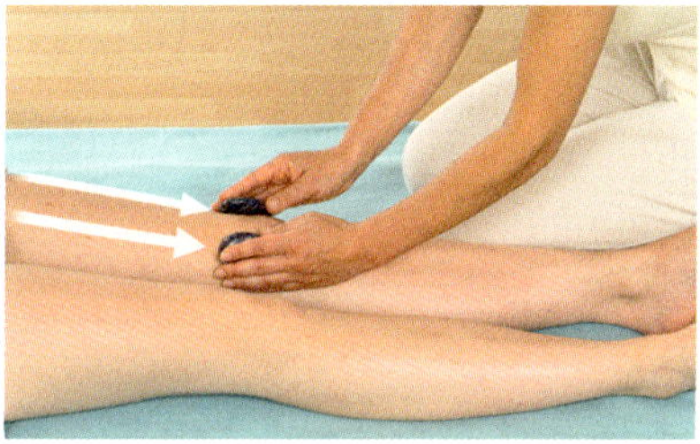

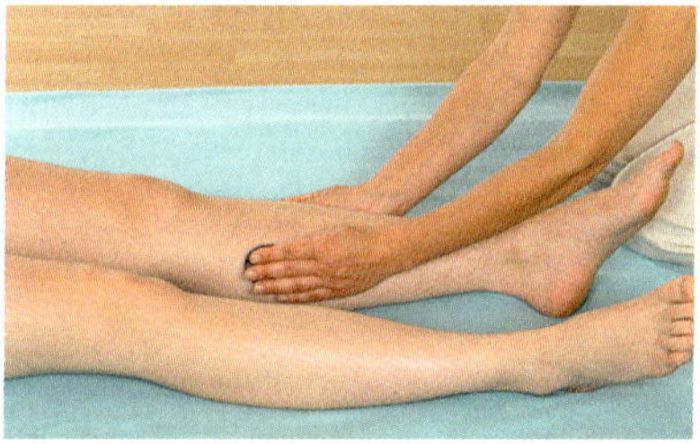

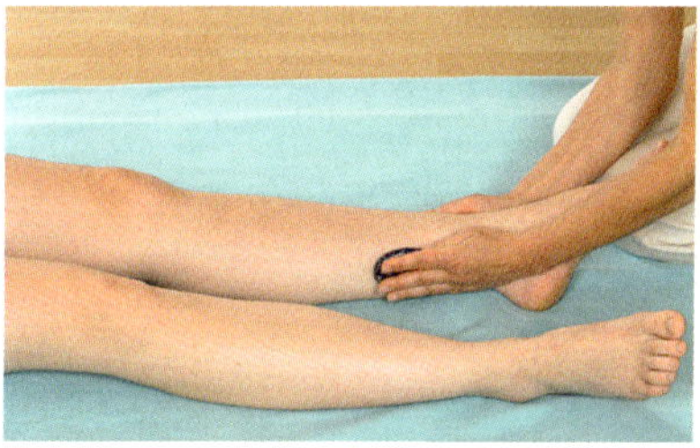

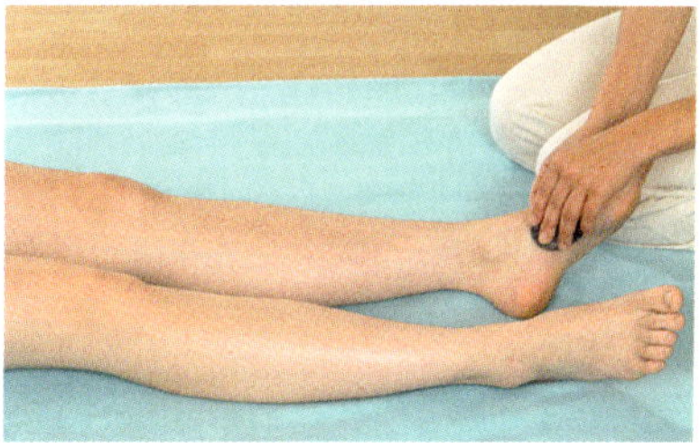

Walken Sie sanft das ganze Bein einmal von unten nach oben und zurück mit ineinanderlaufenden Bewegungen.

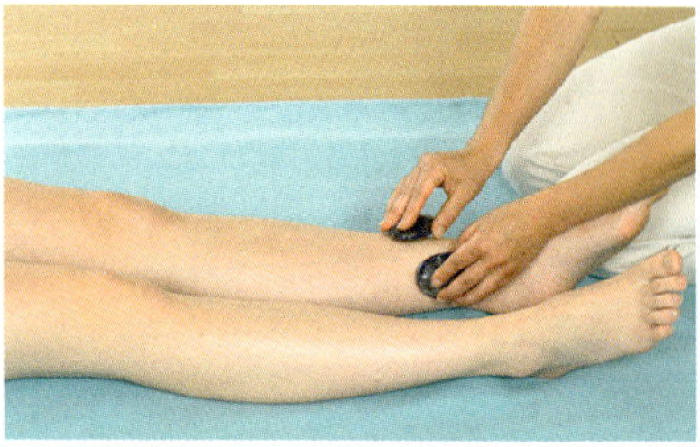

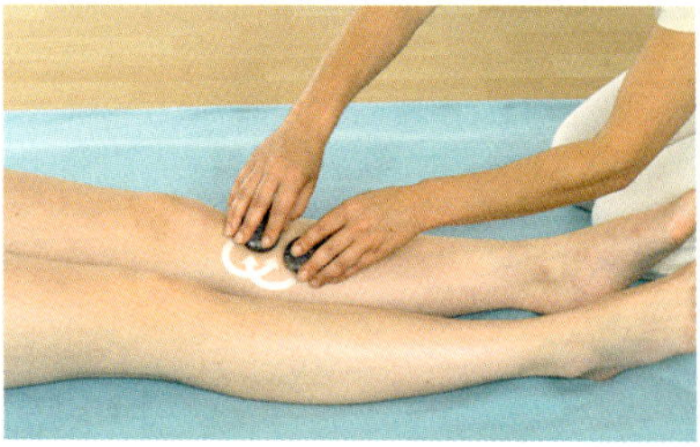

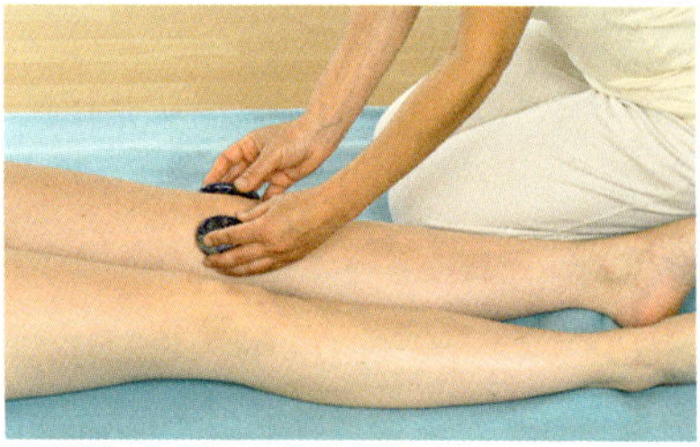

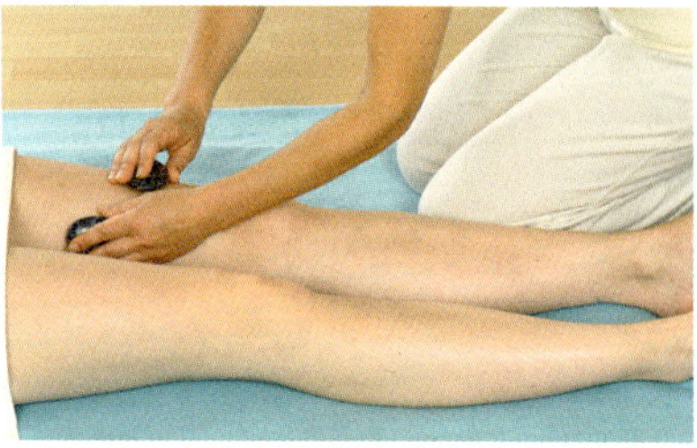

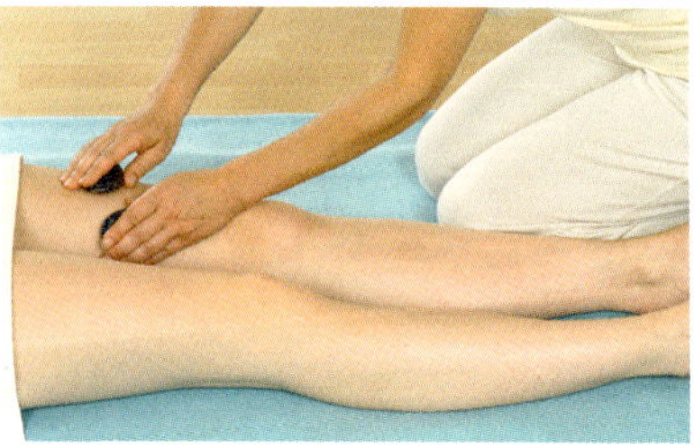

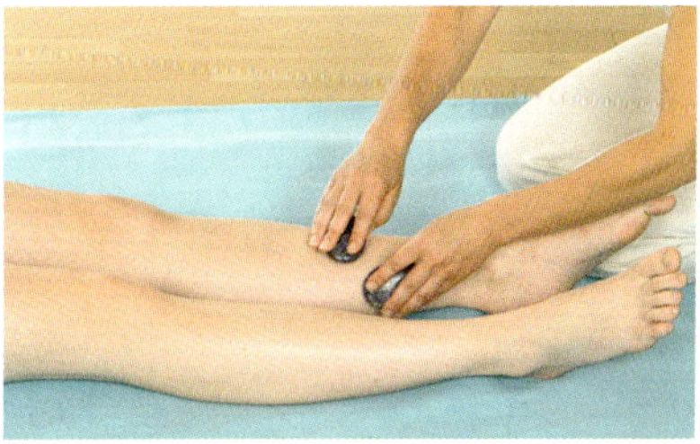

Umkreisen Sie anschließend die Fußknöchel.

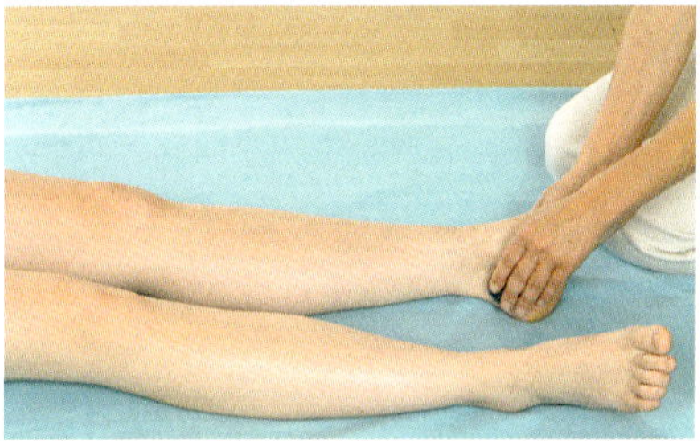

Und ziehen Sie dann vom Fußknöchel zu den Zehen hin aus.

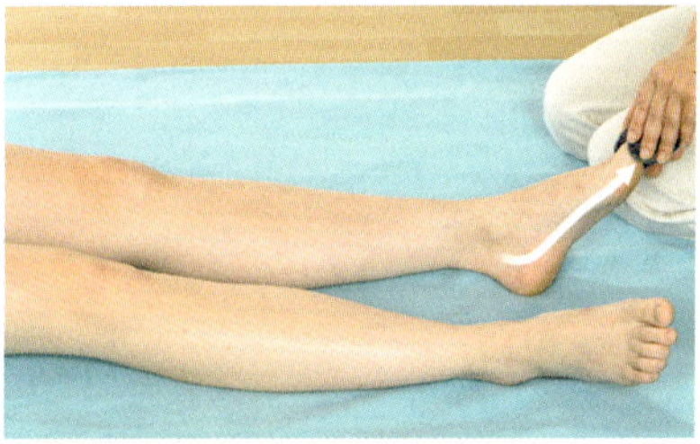

Streichen Sie zum Abschluß nochmals die Beine großflächig mit den Händen aus.

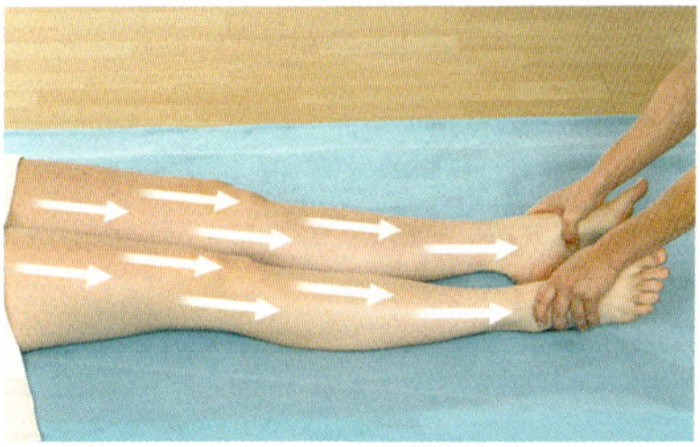

Umschließen Sie mit beiden Händen den Fußrücken und ziehen Sie sanft.

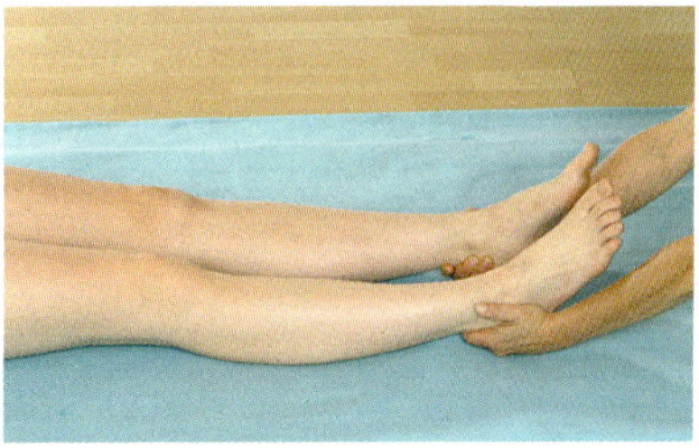

Halten Sie nun zum Abschluß beide Fersen sicher in Ihren Händen und beenden Sie hier geistig die Massage. Tauschen Sie eventuell vermischte Energien zurück und, wenn Sie möchten, bedanken Sie sich im Geiste. Es ist nicht nur ein Geschenk, massiert zu werden, auch das Vertrauen derer, die sich hingeben, ist eines Dankes wert.

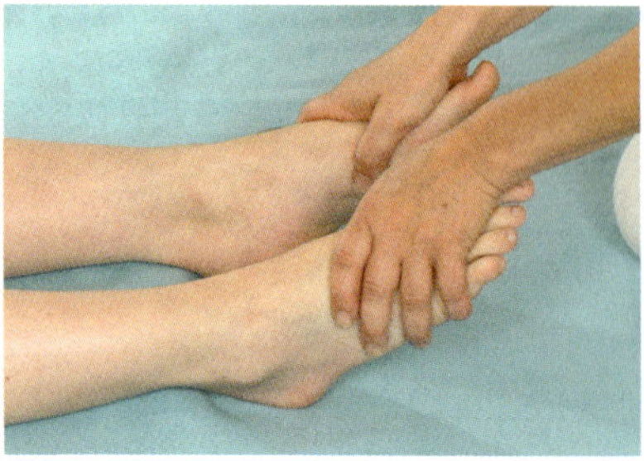

Lassen sie Ihre Massagepartnerin zugedeckt noch eine Weile ruhen und schauen Sie sie nun etwas genauer an. Vielleicht hat sie ein Lächeln auf dem Gesicht, das sie vorher nicht hatte, oder die Gesichtsmuskulatur ist deutlich entspannter und der Zug der Fältchen weniger erkennbar als vorher. Vielleicht steht ihr Gegenüber auch mit einer Erkenntnis auf, die sie ohne die Massage nicht gehabt hätte. Sieht sie nicht wirklich »schöner« aus? Und um nichts anderes geht es bei der Edelstein-Balance: Die eigene innere Schönheit zu wecken und ans Licht zu bringen. Die Liebe zu uns selbst wieder zu erwecken und die Selbstheilungskräfte zu aktivieren. Die Wirkungen der Edelsteine in Verbindung mit intensiver Berührung lassen auch mich immer wieder staunen. Ich wünsche Ihnen viel Freude beim Ausprobieren, und Sie werden sehen, daß auch Sie als Behandlerin oder Behandler sich nach der Edelstein-Balance ausgeglichen fühlen.

Ganz wichtig ist, Ihrer Massagepartnerin nach der Behandlung noch etwas zu trinken anzubieten und sie darauf hinzuweisen, in den nächsten Tagen mindestens zwei bis drei Liter stilles Wasser täglich zu sich zu nehmen (sollten wir ja eigentlich immer, jedoch...). Je nachdem, mit welchem Stein gearbeitet wurde, kann die »Edelstein-Balance« die Entgiftung im Körper deutlich fördern, daher kann es bei zu geringer Flüssigkeitszufuhr zu Kopfschmerzen und Unwohlsein kommen, dem so genannten »Gift-Kopfschmerz«.

*Wichtig: Nach der Massage genügend trinken!*

*Massage macht schön*

# Bewährte Edelsteine für die Schönheit

## *Ziel der Edelstein-Balance*

Das Ziel der Edelstein-Balance ist »Schönheit durch Berührung und Entspannung«. Allerdings kann und wird die Verwendung der Edelsteine während der Massage auch darüber hinausgehende positive Veränderungen auf körperlicher, seelischer und geistiger Ebene bewirken. Dies kann durch das Tragen der betreffenden Steine nach der Massage zusätzlich gefördert werden.

*Verlängern und Vertiefen der Massagewirkung durch das Tragen des Edelsteins*

Hautveränderungen, Rötungen, Pickel, Allergien und sonstige Hauterscheinungen zeigen uns, daß der Körper im Ungleichgewicht ist. So zeigen sich z. B. Verdauungs-Beschwerden oft in Form von Unreinheiten um den Mund. Es gibt einen Satz aus der chinesischen Medizin, der Hautveränderungen generell in einem anderen Licht erscheinen läßt:

**Was die Nieren nicht ausscheiden,**
**scheidet der Darm aus.**

**Was der Darm nicht ausscheidet,**
**scheidet die Haut aus.**

**Und was die Haut nicht ausscheidet,**
**bringt uns um.**

Das bedeutet für mich als ganzheitliche Natur-Kosmetikerin eine Herausforderung, jeder länger anhaltenden Hautanomalie auf den Grund zu gehen. Mit den Edelsteinen hat man eine wunderbare Möglichkeit, diesen Prozeß der Harmonisierung zu unterstützen. Folgende Edelsteine haben sich in der Kosmetik und zum Einsatz bei der Edelstein-Balance daher besonders bewährt. Darüber hinausgehende Wirkungen und Anwendungen von Edelsteinen auf Körper, Seele, Verstand und Geist können Sie der Literatur im Anhang entnehmen.

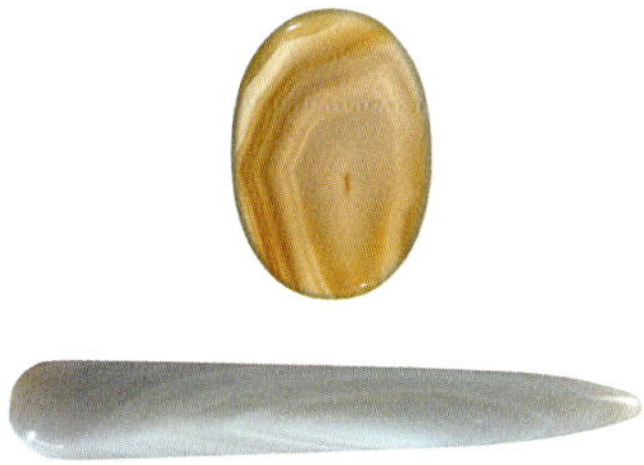

## Achat

Hilft, sich in seiner Haut wieder zu Hause zu fühlen, sie als Schutz und Hülle zu erleben, gerade, wenn man »aus der Haut fahren« möchte. Die Signatur des Achats aus verschiedenen Bändern und Lagen entspricht den verschiedenen Gewebsschichten unserer Haut. Deshalb wirkt dieser Stein besonders harmonisierend bei vielen Hautproblemen.

## Amazonit

Durch seine positive Wirkung auf das vegetative Nervensystem hilft Amazonit auch bei Hautproblemen, die hier ihren Ursprung haben (und das sind mehr, als man denkt!). Er gleicht Stimmungsschwankungen aus und wirkt beruhigend.

## Amethyst

Schwerpunkt des Amethysts ist die Hautreinigung, Klärung, auch gegen Rötungen. Er ist sehr gut zum Ansetzen von Gesichtswasser bei unreiner Haut und Couperose (siehe Michael Gienger, »Die Heilsteine der Hildegard von Bingen«, Neue Erde 2004) und gut für den Darm. Bewährt hat sich das Ausstreichen des Kopfes mit einem Amethyst-Drusenstück bei Spannungskopfschmerzen (siehe Michael Gienger, »Die Heilsteine Hausapotheke«, Neue Erde 1999), angenehm ist auch eine Fußsohlenmassage mit dem Drusenstück. Zur energetischen Reinigung von benutzten Heilsteinen werden diese auf ein Amethyst-Drusenstück gelegt (siehe Kapitel »Reinigung und Pflege«).

## Aquamarin

Verhilft schnell zu strahlenden Augen (sanfte Massage der Augenpartie mit kühlem Aquamarin oder Augenkompressen mit angesetztem Aquamarin-Wasser), lindert allergische Erscheinungen von Haut,

Schleimhaut und Bronchien (z. B. bei Heuschnupfen), klärt die Gesichtszüge.

## Aventurin

Durch seine entzündungshemmende Wirkung ist Aventurin ein idealer Stein bei Ausschlägen und Allergien. Er stärkt das Bindegewebe und wirkt schmerzlindernd. Bestens geeignet, auch in Verbindung mit Prasem, um Sonnenbrand und -stich zu lindern.

***TIP:*** Ganz abgesehen davon, daß man sich heutzutage nicht mehr stundenlang in der Sonne »brutzelt«, läßt sich z. B. beim Wandern oder im Urlaub die Gefahr eines Sonnenbrandes oder -stichs durch das Trinken von Prasem- und Aventurinwasser deutlich verringern. Legen Sie die Steine einige Stunden in eine Wasserkaraffe und trinken Sie immer wieder davon. Auch als Gesichtswasser, immer wieder frisch angesetzt, wirkt Aventurinwasser wunderbar.

## Bergkristall

Festigt Haut und Bindegewebe, energetisiert und erfrischt Körper und Geist, bringt neuen Schwung und Klarheit. Auf die Gesichtsmaske aufgelegt, verstärkt er deren Wirkung. Zum Abschluß meiner Behandlungen lege ich ihn gerne für einige Minuten auf das »dritte Auge« (den Punkt zwischen den Augenbrauen).

## Bernstein

Hervorragend für eine warme Bernstein-Öl-Massage, wirkt positiv auf die Gelenke, bringt sonniges Gemüt, vermittelt »embryonales Wohlgefühl« und als »Wundharz« der Bäume sorgt er bei trockener, gereizter Haut für Elastizität und Schutz.

## Blauquarz

Durch seine blutdrucksenkende und eher kühlend-beruhigende Wirkung ist Blauquarz der ideale Stein für Menschen, die »mit hochrotem Kopf und voller Hektik« ankommen. Er wirkt entspannend und gibt die notwendige Gelassenheit.

***Anmerkung:*** Diesen Stein habe ich auf einer Messe einer Frau mitgegeben, die sehr nervös war, Einschlafprobleme hatte und nicht zur Ruhe kam. Kurz darauf rief sie mich ganz entsetzt an, sie habe eine Kundin mit »Steinen« behandelt, und diese habe nach der Massage einen Schwächeanfall bekommen. Im Gespräch stellte sich heraus, daß sie in Ihrer Begeisterung den Blauquarz, der eigentlich für sie selbst gedacht war, an einer total übermüdeten Kundin mit niedrigem Blutdruck ausprobiert hatte. So viel zur Wirkung der Steine! Sie selbst allerdings kann seither wunderbar einschlafen.

## Calcit (orange)

Calcit wirkt allgemein sehr stabilisierend, der wunderschöne blaue dabei eher lymphanregend und ausgleichend, der gelborange belebend und erheiternd. Durch seine positive Wirkung auf Entwicklung und Knochenbau ist er ein idealer Stein bei Problemen in diesem Bereich und läßt sich hervorragend in der Massage von Kindern einsetzen. Zudem ist der orange Calcit bestens für die »Sonne im Bauch« der Edelstein-Balance geeignet.

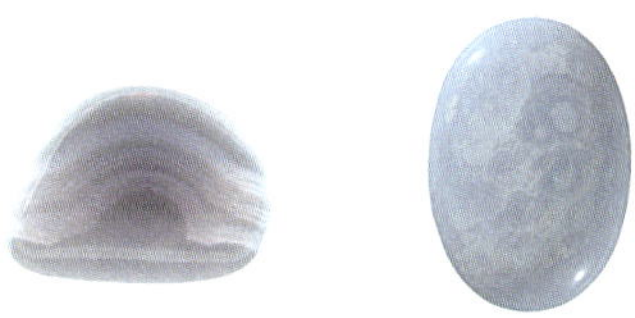

## Chalcedon blau

Hilft Wassereinlagerungen (Ödeme) abzubauen, da er den Lymphfluß stark anregt. Gelöste Schlackenstoffe werden so besser abtransportiert. Ich verwende ihn gerne zur Lymphdrainage, vor allem an der Halslymphe entlang. Chalcedon wirkt entschlackend.

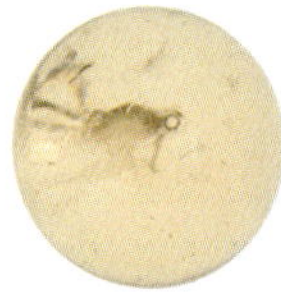

## *Chrysokoll*

Einer der typischen Anti-Streß-Steine, da er Stimmungsschwankungen ausgleicht und hilft, »einen kühlen Kopf« zu bewahren. Hervorragend bei Menstruationsbeschwerden zur Massage des Kreuzbeins. Fördert die Regeneration von Brandwunden und Narben. Hilfreich auch bei »verhärteten« Muskeln und »verklebtem« Gewebe.

## *Citrin*

Leider nicht billig und als Kugel sehr selten, jedoch ein hervorragender Stein, um die Lebensfreude zu wecken und depressiven Verstimmungen wirkungsvoll zu begegnen. Er wird u.a. auch in der Aurum Manus® Massage mit Erfolg bei der Behandlung von Tinnitus und Migräne eingesetzt.

## *Chrysopras*

Löst die Schlackenstoffe aus dem Gewebe und transportiert diese über die Lymphbahnen ab. Er gehört zu den besten Entgiftungs-Steinen. Hilfreich auch bei der Behandlung von Pilzen und Neurodermitis.

## *Dumortierit*

Dieser sogenannte »Take-it-easy-Stein« beruhigt das Nervensystem, lindert stoffwechselbedingte Kopfschmerzen, Hautprobleme sowie emotionale Verstimmungen. Wichtiger Stein zur Begleitung bei der Suchtentwöhnung. Vermittelt Gelassenheit und Zufriedenheit.

## Epidot

Gerade nach einer Krankheit oder nach einer Zeit, in der man sich »ausgepowert« hat, ist der Körper regenerationsbedürftig. Der Epidot ist einer der besten Rekonvaleszenz-Steine. Er beschleunigt Heilungsprozesse, wirkt aufbauend und stärkend. Nach der Massage gebe ich gerne den Stein noch als Anhänger oder Kette mit nach Hause.

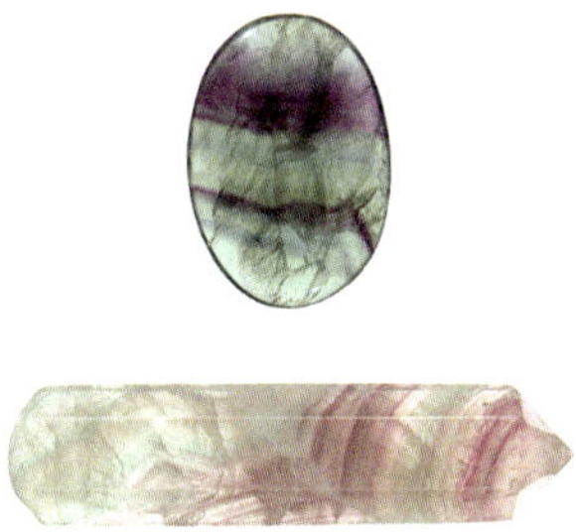

## Fluorit

Ganz abgesehen davon, daß ich diesen Stein zur Massage benutze, wenn es darum geht, sein Leben selbstbestimmt wieder in die Hand zu nehmen (gerade Ehefrauen und Mütter finden so leichter wieder »ihr Eigenes«), lindert er chronische Verspannungen und Allergien, die ja auch oft genau aus dieser Problematik entstehen können. Da er einer der besten »Lernsteine« ist und sich immer wieder Kunden vor einer Prüfung eine Edelstein-Balance gönnen, ist er hier der Stein erster Wahl für die Massage. Auch hier gebe ich ihn immer noch als Trommelstein oder Anhänger mit nach Hause.

## Hämatit

Ein von mir eher selten angewendeter Massagestein, da er doch durch seinen hohen Eisen-Anteil sehr anregend wirkt und meine Kunden meist Ruhe und Erholung suchen. Um jedoch bei einer kurzen Massage alle Lebensgeister zu wecken, kann er gut eingesetzt werden. Nicht angewendet werden darf er bei Entzündungen, da er diese noch anregen würde. Auch sollten Sie beachten, daß eine Massage gegen Abend hin zu anregend wirken kann und man dann vielleicht eher Bäume ausreißen als schlafen möchte.

## Halit

Das transparente würfelige Steinsalz hilft, Elektrosmog-Einwirkungen besser zu verarbeiten, wenn es bei sich getragen wird. Hilft außerdem gegen Kopfschmerzen und vertreibt Sorgen. Angefeuchtet und über Stirn und Nacken gestrichen, verbessert Halit die Energieverteilung im Körper und schützt und reinigt das Energiefeld. Er verbessert das Hautbild. Zur Massage sollte das Steinsalz entweder fein vermahlen mit Öl gemischt werden oder ganz glatte Oberflächen haben.

## Heliotrop

Was das Echinacin in der Pflanzenheilkunde, ist der Heliotrop in der Steinheilkunde. Er stärkt die Abwehrkräfte und ist als Massagestein immer dann angezeigt, wenn unsere Massagepartnerin das Gefühl hat, daß eine Erkältung aufzieht oder dergleichen. ***Rechtzeitig*** angewandt, kann er das Immunsystem stützen und Entzündungen vorbeugen. Hier hat sich auch das Tragen des Steines noch einige Tage über die Massage hinaus bewährt.

## Jaspis rot

Durch seinen Eisengehalt und die rote Farbe ähnelt Jaspis dem Hämatit, er ist jedoch etwas sanfter. Nach einer Massage mit rotem Jaspis geht man meist schwungvoll und voller Tatenkraft an die eigenen Aufgaben. Gerade im Winter wirkt er herrlich wärmend und hilft bei dauernder Schwäche und Müdigkeit. Allerdings ist er nichts für nervöse und hitzige Gemüter, diese würden wahrscheinlich von der Massageliege auf- und davonspringen...

## Kabamba Jaspis

Der Kabamba Jaspis ist ein relativ neuer Stein, jedoch wundervoll einzusetzen, um die Poren der Haut zu öffnen und so die Entgiftung über den Schweiß zu fördern. Er bietet sich geradezu an, vor der Sauna oder bei entschlackenden Ganzkörperbehandlungen eingesetzt zu werden. Neuere Forschungsergebnisse zeigen auch eine immunstärkende Wirkung, gerade auch bei Grippe-Epidemien.

## Magnesit

Tiefe Entspannung, Streßabbau, beugt Wadenkrämpfen vor und wirkt durch seinen Magnesiumgehalt auch gegen Couperose. Gut bei hektischen Flecken und Rötungen, fördert die Entspannung der Muskulatur und wirkt Nervosität und Streß entgegen.

## Malachit

Der Stein bei jeder Form von Krämpfen. Hilft insbesondere auch bei Unterleibs- und Menstruationsbeschwerden. Darüber hinaus fördert Malachit die Sinnlichkeit und Abenteuerlust und verschafft zurückgehaltenen Gefühlen Ausdruck. Das muß bei der Massage bedacht werden. Viele negative Äußerungen, kleine Beschwerden und Nörgeleien sind dann gar nicht gegen die Behandlerin gerichtet, sondern einfach ein »Dampfablassen« und eine emotionale Reinigung. Auch auf körperlicher Ebene wirkt Malachit reinigend und ist dadurch auch gut bei rheumatischen Beschwerden.

## Mondstein

Mondstein ist ***der*** Stein bei Beschwerden während hormoneller Umstellungen. Dies gilt bei Frauen insbesondere für die Pubertät, die Menstruation, das Klimakterium oder nach Entbindungen. Aber auch Hormone anderer Drüsen werden durch Mondstein reguliert, weshalb er z. B. den Schlaf verbessert und »Mondsüchtigkeit« lindert, wenn er zu Neumond eingesetzt und dann eine ganze Mondphase hindurch getragen wird. Der Bezug zum Mond ist bei diesem Stein auch in der Massage deutlich. Um Vollmond herum wirkt er wesentlich anregender als gegen Neumond. Die verschiedenen Qualitäten der Mondphasen, die Wolfgang Maier in seinem Buch »Der Mondschild« (Neue Erde 2001) treffend beschrieben hat, werden mit Mondstein besonders gut wahrnehmbar. Mondstein stärkt auch generell die Intuition und das Einfühlungsvermögen.

## Mookait

Bringt seelisches Gleichgewicht, stärkt das Immunsystem, gibt Kraft ohne Anstrengung und fördert die Blutreinigung. Ein hervorragender Stein für die Milz und die Harmonie aller Organe im Bauchraum. Mookait stärkt »die Mitte« in uns und hilft, äußere Aktivität und innere Ruhe in Einklang zu bringen. Ein Stein der Balance – gerade auch in der Edelstein-Balance!

## Moosachat

Auf der seelischen Ebene wirkt Moosachat befreiend von Schwere, Druck und Belastung. Da diese oft »auf der Brust« liegt, ist er mein Lieblingsstein für die »Feel-Free« Dekolleté-Behandlung in der Edelstein-Balance. In der Edelstein-Heilkunde wird er durch seine »lösende« Wirkung oft für Husten und Erkältungen eingesetzt, die ja auch genau an dieser Körperstelle deutlich werden.

## Nephrit

Hat in seiner Wirkung vor allem Einfluß auf Blase, Niere und den gesamten Wasserhaushalt im Körper. Zudem wirkt er als grüner Stein entgiftend und leberstärkend bzw. die Leber »entstauend«. Er gilt in China schon seit langer Zeit als Heilstein für den Ausgleich von Yin und Yang. Um diese Harmonie letztendlich bewirken zu können, wirkt er je nach Bedarf entweder anregend bei Trägheit oder andererseits bremsend bei

Überreiztheit. So kann es z.B. passieren, daß er dem Trödler den benötigten »Tritt« verschafft und den Workaholic erst einmal in den Urlaub fahren läßt. Nephrit bringt also zuerst den notwendigen Ausgleich, dem dann später die eigentliche Ausgeglichenheit, die Balance zwischen Ruhe und Aktivität folgt. In unserer Zeit der Extreme ist Nephrit ein wichtiger Heilstein.

## Obsidian

Fördert die Durchblutung und Energieversorgung an kühlen und tauben Körperstellen. Entstört auf zellulärer Ebene und löst Schocks und alte Traumen. Dadurch ist er ein guter Stein, wenn Schmerzen nach Verletzungen nicht abklingen wollen oder Heilungsprozesse nicht in Gang kommen. Da er als vulkanisches Glas aber sehr aufwühlend wirken kann, ist es besser, mit Obsidian lieber kurz und dafür wiederholt zu massieren.

## Ozeanachat (Ozeanjaspis)

Strafft das Gewebe, fördert den Lymphfluß, die Entgiftung und stabilisiert das Immunsystem. Er fördert die Zellregeneration und wird deshalb auch unterstützend bei Zysten und Tumoren eingesetzt, da er deren Wachstum hemmt. Anwendbar auch bei allen degenerativen Hauterscheinungen.

## Prasemquarz

Hervorragend zur Behandlung von Schwellungen, Hautreizungen und Rötungen, vor allem nach Sonnenbrand. Um hier Ähnliches mit Ähnlichem zu behandeln, sollte der Stein vor der Behandlung leicht erwärmt werden. Zudem wirkt er beruhigend und ausgleichend.

## Rauchquarz

Erhöht einerseits die Belastbarkeit und wirkt andererseits spannungslösend, vor allem sehr gut einsetzbar bei Verspannungen der Rücken- und Kiefermuskulatur. Gute Erfolge habe ich erzielt, indem ich meinen MassagepartnerInnen während der Behandlung zwei große Trommelsteine in die Hände gebe.

## Rosenquarz

Nach der Massage mit Rosenquarz ist die Haut wirklich »rosig«! Er bringt eine sanfte Durchblutung und ist der beste Einstiegs-Stein zur Edelstein-Balance, da er eine belebende und verjüngende Wirkung zeigt. Einfach ein Stein zum Verwöhnen...

## Rhodonit

Der »Erste-Hilfe-Stein«, nach einer Akne-Behandlung zur Wundheilung und mit Unterstützung von schwarzem Turmalin zur Narbenregeneration bestens geeignet.

## Rubin-Disthen-Fuchsit

Wegen der Verbindung aus drei Mineralien ein interessanter Stein für die Massage. Er wirkt spannungslindernd bei Streß, bringt Gelassenheit und zugleich die notwendige Kraft, ohne zu sehr anzuregen. Gute Resultate wurden auch bei Herzbeschwerden beobachtet, ebenso bei Verengungen der Blutgefäße. In der Massage zeichnet sich Rubin-Disthen-Fuchsit jedoch insbesondere bei hartnäckigen Rückenbeschwerden aus, insbesondere im Kreuzbein- und Lendenwirbelbereich.

## Serpentin

Unterstützt die Hingabefähigkeit, gibt aber gleichzeitig das Gefühl, selbst geschützt zu sein. Gleicht Übersäuerung aus, hilft bei Nervosität und Streß, macht friedlich und hilft bei negativen energetischen Einflüssen. Einer meiner meistverwendeten Massagesteine.

## Smaragd

Smaragd ist ein »Allround-Gesundheitsstein«, von dem schon Hildegard von Bingen sagt, er heile alle Gebrechen des Menschen. Smaragd hilft bei Entzündungen aller Art, insbesondere bei Darm- und Atemwegserkrankungen sowie bei allen Hauterscheinungen mit diesem Hintergrund. Smaragd wirkt entgiftend, stärkt die Leber, stabilisiert die Nerven und hilft bei einer »Verschleimung« des Gehirns, die sich als das Gefühl einer »Haube auf dem Kopf«, als Kopf- und Nackenschmerzen oder sogar in Erscheinungen wie Epilepsie und anderen Hirnfunktionsstörungen äußern kann. Seelisch ist Smaragd besonders gut in Lebensphasen, in denen wir eine neue Orientierung suchen.

## Sodalith

Sodalith wirkt ähnlich wie Blauquarz kühlend und beruhigend. Zudem fördert er die Flüssigkeitsaufnahme im Köper und ist somit ein sehr interessanter Stein bei trockener Haut. Vorsicht bei zu niedrigem Blutdruck.

## Sonnenstein

Dieser Stein drückt schon im Namen das aus, was er verkörpert. Er läßt uns auf die Sonnenseiten des Lebens blicken und verhilft zu einer lebensbejahenden und freudigen Haltung. Er hilft gewissermaßen, die

»eigene Sonne« zu entdecken und zu leben. Sonnenstein wirkt harmonisierend auf das vegetative Nervensystem und ist einer der besten Steine gegen Depressionen. Ein toller Stein, jedoch äußerst selten als Kugel erhältlich. Jedoch läßt sich die Massage ja auch mit einem großen Trommelstein (leider auch selten) durchführen.

## Tigereisen

Tigereisen ist ein Hämatit-Jaspis-Tigerauge-Gestein und vereint recht harmonisch die Wirkungen dieser Mineralien in sich. Wie alle Edelsteine, die als Mineralstoff Eisen enthalten, wirkt auch er belebend und dynamisch. Hilfreich ist das Eisen hier auch bei fahler Haut und schwarzen Augenrändern, wenn diese durch Eisenmangel im Blut auftreten. Zudem wird durch eisenhaltige Steine die Sauerstoffaufnahme im Blut gefördert. Auch hier gilt Achtsamkeit bei Nervosität, Energieüberschuß und Schlafmangel.

## Topas

Ein wunderschöner Stein, der Selbstvertrauen bringt, die eigenen Fähigkeiten stärkt und sich positiv auf die Nerven auswirkt. Als Kugel, Seifenstein und Griffel ist

er vermutlich nicht erhältlich, da leider sehr teuer. Vorsicht auch bei dunkelblauem Topas, meist ist dieser radioaktiv bestrahlt. Je blauer die Farbe, desto wahrscheinlicher ist eine solche »Behandlung«. Das natürliche Blau des Topas wird nie dunkler als Himmelblau!

## Turmalin grün (Verdelith)

Zwar als Kugel, Seifenstein oder Griffel praktisch unmöglich zu erhalten, ist dieser Stein dennoch ein wichtiger Entgiftungs-Stein. Er fördert den Energiefluß und die Nervenleitfähigkeit und ist somit auch bestens zur Narbenentstörung einsetzbar.

## Turmalin schwarz (Schörl)

Durch seine positive Wirkung auf die Nervenleitfähigeit ist Schörl für mich einer der besten Steine zur Narbenentstörung. Je älter die Narben, desto länger die notwendige Wirkzeit, deshalb rate ich sobald als möglich Turmalinstäbchen in Flußrichtung der betroffenen Energiebahnen aufzukleben und alsbald mit dem Stein zu massieren. Zudem ist er einer der hilfreichsten Schutz-Steine, gerade gegen unerwünschte Einflüsse von außen sowie bei Strahlenschäden, die mittlerweile fast immer in meinen Tests zu beklagen sind. Das Tragen des Steins kann zumindest hier ein wenig Abhilfe schaffen, wenn man gleichzeitig versucht, die Strahlenbelastung (Handy, DECT-Telefone usw.) so gering wie möglich zu halten. Nach der Massage mit Schörl habe ich immer das Gefühl, er hätte eine fehlende Hülle des Schutzes wieder aufgebaut. Eine interessante Behandlung ist auch die Ganzkörper-Behandlung mit schwarzen Turmalinstäbchen zur Förderung des Energieflusses.

## Turmalinquarz

Im Turmalinquarz finden wir kleinste Schörl-Nadeln in Quarz, insbesondere in Bergkristall oder Milchquarz. Die Wirkung ist dem des Schörls in etwa gleichzusetzen. Zudem verbindet er scheinbare Gegensätze (hell und dunkel) im Leben und wirkt nervenstärkend.

## Versteinertes Holz

Gut für Menschen, die sozusagen »über dem Boden schweben«. Versteinertes Holz hilft hier, wieder mit beiden Beinen fest auf dem Boden zu stehen. Gerne massiere ich auch den Bauch damit, da es den Stoffwechsel anregt. Der Versuch, den Stein bei Übergewicht aufgrund mangelnder Erdung einzusetzen, ist es auf jeden Fall wert.

## Zoisit mit Rubin

Ein Stein, der die Regeneration stark fördert und durch den enthaltenen Rubin gleichzeitig Kraft und Mut bringt, wieder neu zu starten. Im Vergleich zum Epidot hat er noch mehr dynamische Anteile. Da Zoisit mit Rubin auch die Fruchtbarkeit und Potenz stärkt, empfehle ich diesen Stein bei Bedarf auch zur Partnermassage. Ich sage immer, einen Versuch ist es wert, und förderlich für die Zweisamkeit und Harmonie ist eine Edelstein-Massage sowieso.

## Reinigung und Pflege

Die zur »Edelstein-Balance« verwendeten Griffel, Seifensteine und Kugeln sollten Sie nach der Massage gründlich reinigen. Entfernen Sie zunächst Reste des Massageöls und reiben Sie die Steine gründlich trocken. Bewährt hat sich zur Reinigung eine pflanzliche Seifengrundlage mit dem Zusatz ätherischen Weihrauchöls (10 Tropfen pro 100 ml).

Anschließend sollten diese auch von aufgenommenen Energien und Informationen gereinigt werden. Halten Sie Ihre Massagesteine dafür eine Minute oder länger unter fließendes Wasser und reiben Sie sie kräftig mit den Fingern. Sie werden feststellen, daß die Oberfläche der Steine, die sich zu Beginn oft etwas »seifig« anfühlt, nach einiger Zeit mehr Widerstand bietet, der darauf reibende Finger gleitet nicht mehr so leicht. Das zeigt an, daß aufgenommene Energien abgeflossen sind.

Nehmen Sie die Steine dann aus dem Wasser und legen Sie sie in eine Amethystdruse oder auf ein Amethyst-Drusenstück. Der Amethyst befreit die Steine von den letzten verbliebenen Fremdinformationen, nach einigen Stunden sind Ihre Massagesteine wieder »frisch und neu«.

Bewahren Sie Ihre Massagesteine sorgsam auf. Eine Vitrine ist natürlich das Ideale, ansonsten können sie sorgsam in Stoff eingeschlagen oder in gepolsterten Schächtelchen aufbewahrt werden. Oft werden Massagesteine neuerdings bereits in solchen Schächtelchen angeboten.

Auch wenn uns Steine oft als »leblos« erscheinen, habe ich es mir doch zu eigen gemacht, sie wie gute Freunde und Helfer zu behandeln, für deren Wirkung und Unterstützung ich sehr dankbar bin. Und viele meiner Steine sind in der Zeit unserer »Zusammenarbeit« tatsächlich klarer und schöner geworden, was mir auch Kundinnen und andere Beobachter bestätigen. Vielleicht ist der Zugewinn an Schönheit ja beiderseitig – was gegeben wird, fließt auch wieder zurück. Auf jeden Fall freue ich mich an ihrer Schönheit und der Schönheit, die ich dank ihnen immer wieder unter meinen Händen aufblühen sehe. Ich hoffe, Ihnen – liebe Leserinnen und liebe Leser – ergeht es ähnlich, wenn Sie Erfahrungen mit Edelsteinen und der »Edelstein-Balance« machen. Daher grüße ich Sie zum Abschluß mit einem traditionellen indianischen Gruß:

»Geh Deinen Weg in Schönheit!«

Reinigung des Edelsteins

Löschen fremder Informationen auf Amethyst

# Die Autorin

Monika Grundmann wollte schon als Kind unbedingt Masseurin werden, verirrte sich aber nach der Schule zunächst ins Büro und absolvierte daher erst später berufsbegleitend die Kosmetik-Schule. Schon bald wurde ihr jedoch klar, daß sie sich nicht nur für das Äußere, sondern für den ganzen Menschen interessierte. Sie besuchte Kurse über Psychophysiognomie (die Lehre von den Formen des Körpers) und absolvierte anschließend eine Heilpraktikerausbildung. Durch die Kosmetik war Monika Grundmann ja schon immer in Berührung mit Menschen, doch nun suchte sie nach Methoden, über die Berührung den ganzen Körper positiv zu beeinflussen. Shiatsu, Aromamassage, Bachblüten, Farb- und Klangbehandlungen und dergleichen folgten. Die Steinheilkunde-Ausbildung bei Michael Gienger zeigte ihr schließlich den Weg zu einem besseren Verständnis der Edelsteine und ihren Heilwirkungen. Danach begann sie, Steine in jedweder Form in ihre Behandlungen mit einzubeziehen.

Schon vor der Geburt ihrer Tochter im Jahre 1999 war in ihrer Praxis bereits ein Konzept für Edelsteinanwendung im Wellness-Bereich ausgereift und schon damals ermutigte sie Michael Gienger, doch ein Buch darüber zu schreiben. Die Zeit war jedoch noch nicht reif. Auf der Suche, die erlernten Methoden noch sinnvoller und praktikabler zu kombinieren, besuchte Monika Grundmann die Ausbildung Individuelle Therapie bei Rainer Strebel. Das dort erlernte Testverfahren war der letzte Baustein, der ihr bis dahin noch gefehlt hatte. Nun war das Konzept der »Edelstein-Balance« rund und, inspiriert durch das Buch »Edelsteinmassagen«, war es nun an der Zeit, das reichhaltige praxiserprobte Wissen weiterzugeben. Das vorliegende Buch ist daher die Essenz einer zehnjährigen Entwicklung, die Monika Grundmann nun auch in Seminaren und Ausbildungen weitergibt.

# Dank

An dieser Stelle möchte ich mich ganz herzlich bei allen Menschen bedanken, die mich bei der Arbeit an diesem Buch unterstützt haben. Michael Gienger danke ich für die intensive Begleitung als Herausgeber, Lektor, Bildregisseur, Freund und geduldigen Lehrer. Walter von Holst für die nächtelangen Telefonate und seine Erfahrungen in der Steinheilkunde. Ines Blersch für die hervorragenden Fotografien, das gesamte künstlerische Konzept und ihre Fähigkeit, Schönheit ins rechte Licht zu setzen; Jens Volle für das fleißige und aufmerksame Mitwirken im Fotostudio; Alexandra für ihre Geduld bei den stundenlangen Aufnahmen und Stefan Fischer von Fischercasting, Stuttgart für die Vermittlung von Alexandra. Laurin's Garten in Balingen, Peter Lind und Bea Diederich in Idar-Oberstein, dem Kristallshop Stuttgart und der Marco Schreier Mineralienhandlung in Ludwigsburg danke ich für die schönen Massagesteine, Ricky Welch für die Aurum-Manus-Massage, Hans Haslbeck für die sorgfältigen radiästhetischen Tests meiner Edelstein-Massageöle sowie Farfalla in Uster (Schweiz) für deren Herstellung. Erwin Engelhardt danke ich für die Tips zur Reinigung der Steine, insbesondere den Hinweis auf das arabische Weihrauchöl. Ein ganz besonderer Dank geht an Fred Hageneder für alle graphischen Arbeiten sowie dafür, daß er Fotos und Text zu einem gelungenen Layout vereinte, und natürlich danke ich auch Andreas Lentz von Neue Erde, daß er dieses Buch als Verleger überhaupt erst möglich macht. Die »Edelstein-Balance« hätte nie entstehen können ohne meine Lehrerinnen und Lehrer, denen ich mein Wissen über Massagen und ganzheitliche Menschenkenntnis verdanke – ebensowenig ohne all meine Kundinnen und kreativen Schüler, die letztendlich mit mir die »Edelstein-Balance« entwickelten. Danke auch an Birgit Morrison, die sich ihre Abende als meine Massagepartnerin um die Ohren schlug und mir immer wieder Mut machte, meinen Weg zu gehen. Zuletzt und am innigsten danke ich meiner Mutter, die mir während all der Zeit still und leise den Rücken freigehalten hat, Unmögliches möglich machte und immer da war, wenn es nötig war. Für sie alle und für meine Tochter Paula ist dieses Buch geschrieben. Ich wünsche uns allen, daß Berührung wieder Einzug in unser Leben hält und daß wir uns berühren lassen vom Leben.

*Heilsbronn, Frühjahr 2006*
*Monika Grundmann*

# Literatur


Ursula Dombrowsky, Wenn Steine erzählen, Neue Erde, Saarbrücken 2003

Michael Gienger, Die Heilsteine der Hildegard von Bingen, Neue Erde, Saarbrükken 2004

Michael Gienger, Die Heilsteine Hausapotheke, Neue Erde, Saarbrücken 1999

Michael Gienger, Die Steinheilkunde, Neue Erde, Saarbrücken 1995

Michael Gienger, Die wichtigsten Heilsteine auf einen Blick (Poster), Neue Erde, Saarbrücken 2004

Michael Gienger, Edelstein-Massagen, Neue Erde, Saarbrücken 2004

Michael Gienger, Heilsteine – 430 Steine von A bis Z, Neue Erde, Saarbrücken 2003

Michael Gienger, Heilsteine und Lebensrhythmen, Neue Erde, Saarbrücken 2005

Michael Gienger, Lexikon der Heilsteine, Neue Erde, Saarbrücken 2000

Michael Gienger/Ursula Dombrowsky, Steinheilkunde-Karten, Neue Erde, Saarbrükken 2005

Michael Gienger/Gisela Glaser, Salz, Neue Erde, Saarbrücken 2003

Michael Gienger/Joachim Goebel, Edelsteinwasser, Neue Erde, Saarbrücken 2006

Michael Gienger/Ulrich Metz, Die Joya Massagen, Neue Erde, Saarbrücken 2006

Michael Gienger/Luna Miesala-Sellin, Stein und Blüte, Neue Erde, Saarbrücken 2000

Rolphe A. Grimaître, Edelstein-Elixiere, Neue Erde, Saarbrücken 2006

Werner Kühni/Walter von Holst, Enzyklopädie der Steinheilkunde, AT, Baden (CH) 2003

Wolfgang Maier, Der Mondschild, Neue Erde, Saarbrücken 2001

Barbara Newerla, Sterne und Steine, Neue Erde, Saarbrücken 2000

Gabriele Simon, Erlebnismassagen für Kinder, Neue Erde, Saarbrücken 2005

Rainer Strebel/Michael Gienger, Die Individuelle Therapie, AT Verlag, Baden (CH) 2005

Ricky Welch, Aurum Manus®, Neue Erde, Saarbrücken 2006

Josef Zerluth/Michael Gienger, Gutes Wasser, Neue Erde, Saarbrücken 2004

# Adressen

**Edelstein-Balance**

Einführungskurse, Seminare und Ausbildungen in Edelstein-Balance, Edelstein-Klang-Massage und verschiedenen anderen Edelstein-Massagen, Steinheilkunde-Einführungs-Wochenenden und Rutenkurse direkt bei der Autorin. Die Seminare finden z.Zt. in Deutschland und in der Schweiz statt.

Einsteiger-Sets und Arbeitsmaterial für die Edelstein-Balance sowie Bezugsquellenhinweise für den Groß- und Einzelhandel:

Monika Grundmann
Bauhofstr. 14
D-91560 Heilsbronn
Tel. 09872 - 2999
Fax: 09872 - 2606
info@edelstein-balance.de
www.edelstein-balance.de

**Edelsteinmassagen und Steinheilkunde**

Edelsteinberatungen, Seminare, Grund- und Hauptausbildungen zur Steinheilkunde, Edelsteinmassage und verwandten Bereichen.

**Cairn Elen Lebensschule Tübingen**

Annette Jakobi
Mozartstr. 9
D-72127 Kusterdingen
Tel.: 07071 - 538 266
Fax: 07071 - 388 68
annette@edelstein-massagen.de
www.edelstein-massagen.de

**Cairn Elen Lebensschule Schwäbische Alb**

Dagmar Fleck
Roßgumpenstraße 10
D-72336 Balingen-Zillhausen
Tel.: 07435 - 919 932
Fax: 07435 - 919 931
info@cairn-elen.de
www.cairn-elen.de

**Cairn Elen Lebensschule Odenwald**

Franca Bauer
Berliner Str. 1a
D-64711 Erbach
Tel.: 06062 - 919 762
Fax: 06062 - 919 763
info@cairn-elen.de
www.cairn-elen.de

**Edelsteinmassagen, Edelsteintherapie, Individuelle Therapie**

Breites Ausbildungsangebot in verschiedenen Edelsteinmassagen, Edelsteintherapien und Naturheilverfahren. Ab 2007 auch Ausbildungszentrum für die Individuelle Therapie nach Rainer Strebel.

**Akademie Lapis Vitalis**

Im Osterholz 1
D-71636 Ludwigsburg
Tel.: 07141 - 4412 - 60
Fax: 07141 - 4412 - 66
info@lapisvitalis.de
www.lapisvitalis.de

**Reflexzonenmassage mit Edelsteinen**

Institut, Praxis, Vorträge, Seminare und Ausbildungen zur Reflexzonentherapie, auch mit Edelsteingriffeln.

**Ewald Kliegel & Thomas Gutsche GbR**
Rotenbergstraße 152
D-70190 Stuttgart
Tel.: 0711 - 264 780
Fax: 0711 - 262 95 78
info@reflex-zonen.de
www.reflex-zonen.de

Mehr zu Edelstein-Massagen, weiteren Veröffentlichungen, Veranstaltungen, Seminaren und Ausbildungen finden Sie im Internet unter www.edelstein-massagen.de

Mehr zur Steinheilkunde unter www.steinheilkunde.de

# Edition Cairn Elen

»Nachdem Elen ihre Wanderung durch die Welt vollendet hatte, setzte sie einen Cairn ans Ende des Sarn Elen. Dann wandte sich ihr Weg zurück ins Land zwischen Abend und Morgen. Aus diesem Cairn stammen alle Steine, die bis heute an den Kreuzungen der Wege die Richtung weisen.« *

*(aus einer keltischen Sage)*

»Cairn Elen« – so werden im gälischen Sprachraum die alten Steinsetzungen am Wegesrand genannt. Sie markieren die geistigen Pfade, sowohl die Pfade der Erde als auch die Pfade des Wissens.

Diese Pfade geraten zunehmend in Vergessenheit. So wie die alten Pfade der Erde unter modernen Asphaltstraßen verschwinden, so verschwindet auch manch altes Wissen unter der Datenflut moderner Erkenntnisse. Wunsch und Anspruch der Edition Cairn Elen ist es daher, Wissen aus alter Zeit zu bewahren und mit modernen Erkenntnissen zu verbinden – für eine blühende Zukunft!

Die Edition Cairn Elen im Neue Erde Verlag wird von Anja und Michael Gienger herausgegeben. Ziel der Edition ist es, bislang unveröffentlichtes Wissen aus Forschung und Tradition vorzustellen. Schwerpunkte sind Natur, Heilkunde und Gesundheit sowie Bewußtsein und geistige Freiheit.

Neben aktueller Fachliteratur werden im Rahmen der Edition Cairn Elen auch Erzählungen, Märchen, Romane, Lyrik und künstlerische Veröffentlichungen publiziert. Das vermittelte Wissen wendet sich nicht nur an den Kopf, sondern auch an das Herz der Menschen.

Edition Cairn Elen, Anja & Michael Gienger, Stäudach 58/1, D-72074 Tübingen,
Tel./Fax: 07071 - 364720, Mail: buecher@michael-gienger.de,
Internet: www.michael-gienger.de, www.steinheilkunde.de

* kelt. »cairn [sprich: kärn]« = »Stein«, »sarn« = »Weg«, »Elen, Helen« = »Göttin der Wege«

## DREI WICHTIGE WERKE ZU EDELSTEINMASSAGEN

Michael Gienger u. a.

**Edelstein-Massagen**

Das Standardwerk für erfolgreiche Edelsteinmassagen! Mit Beiträgen von Michael Gienger, Rainer Strebel, Ewald Kliegel, Hildegard Weiss und Ursula Dombrowsky: Grundlagen der Edelsteinmassage • Intuitive Massagen mit Edelsteinen • Unwinding mit Edelsteinen • Vitalkörpermassage mit Edelsteinen • Reflexzonenmassage mit Edelsteingriffeln • Harmonisierungsmassage mit Bernstein • Massage mit Edelsteinkugeln

*Paperback, 160 Seiten, durchgehend farbig, ISBN 3-89060-082-4*

Gabriele Simon

**Erlebnismassagen für Kinder**

Das bewußte, zärtliche und hingebungsvolle Berühren ist eines der schönsten Geschenke für unsere Kinder. Dieses Buch zeigt lustige, spannende, herzliche und kreative Erlebnismassagen für (kleine und große) Kinder. Innige Begegnungen von Herz zu Herz und ein spielerisches Erfahren der Welt. Ein Buch der zauberhaften Berührungen mit Heilsteinen, Massage und Phantasie!

*Paperback, 144 Seiten, durchgehend farbig, ISBN 3-89060-093-X*

Ricky Welch

**Aurum Manus®**

Aurum Manus® ist eine ganzheitliche Therapie, die durch Edelsteinmassagen enorme Heilwirkungen erzielt. Die Wirksamkeit der Aurum Manus® Therapie z. B. bei Tinnitus und Migräne wurde in klinischen Studien bestätigt! In diesem Buch stellt der Begründer Ricky Welch seine grundlegende Ganzkörpermassage und sein Therapiekonzept vor. Eines der wichtigsten Bücher zur Edelsteinmassage und Edelsteintherapie!

*Paperback, 144 Seiten, durchgehend farbig, ISBN 3-89060-226-6*

## Ausserdem in unserem Verlag


Michael Gienger
**Die Steinheilkunde**
Das erste Handbuch, das die Steinheilkunde als eigenständige Heilweise vorstellt und mit vier grundlegenden Prinzipien einen Schlüssel bietet, mit dem jede/r selbst die Wirkungsweise eines Steins aus dessen mineralogischen Eigenschaften ableiten kann.
*420 Seiten, Paperback oder Hardcover*

Michael Gienger
**Lexikon der Heilsteine**
Das nach wie vor verläßlichste Nachschlagewerk der Steinheilkunde. Mehr als 450 Gesteine, Mineralien und Varietäten werden präzise in ihren mineralogischen und heilkundlichen Eigenschaften beschrieben. Eine gut verständliche Einführung sowie ein umfangreicher Index runden das Werk ab.
*576 Seiten, Hardcover*

Michael Gienger
**Die Heilsteine Hausapotheke**
Hier gesucht, heißt schnell gefunden! In diesem zuverlässigen, praxiserprobten Ratgeber werden über 160 Erkrankungen bzw. seelische Beschwerden besprochen sowie die Möglichkeiten und Grenzen ihrer steinheilkundlichen Therapie erläutert.
*Erweiterte Neuausgabe, 320 Seiten, Paperback*

Michael Gienger
**Heilsteine und Lebensrhythmen**
Streß abbauen, Leistungstiefs beheben, Schlaf und Erholung verbessern, Krankheiten vorbeugen und Gesundheit bewahren nach der Edelsteinuhr der Hildegard von Bingen. Eines der wichtigsten Bücher von Michael Gienger! Neuausgabe des Buchs »Die Edelsteinuhr«. *160 Seiten, Paperback*

Michael Gienger, Gisela Glaser
**SALZ –**
**Nahrungsmittel, Heilmittel oder Gift?**
In diesem kleinen Ratgeber erfahren Sie alles Wissenswerte über Salz: seine Herkunft, Heilkraft, Wirkung und vor allem die richtige Anwendung! Salz kann tatsächlich ein Heilmittel für viele Beschwerden sein, wenn wir wissen, wie!
*128 Seiten Taschenformat, Paperback*

Michael Gienger
**Heilsteine – 430 Steine von A bis Z**
Das kleine Verzeichnis für den schnellen Überblick: Die wichtigsten Informationen zu 430 Heilsteinen werden hier knapp und übersichtlich und doch sorgfältig und genau in Wort und Bild dargestellt.
*96 Seiten Taschenformat mit 430 Farbfotos, Paperback*

Josef Zerluth, Michael Gienger
**Gutes Wasser**
Ein ganzheitlicher Führer zu guter Wasserqualität. In diesem Buch wird das Wesen und Wirken des Wassers von allen Seiten beleuchtet, so daß alle LeserInnen die abschließend vorgestellten Verfahren der Wasserbehandlung selbst beurteilen können.
*272 Seiten, durchgehend farbig, Paperback*

Daya Sarai Chocron
**Die Gaben des Meeres**
Die Heilkraft der Muscheln,
Schnecken und Korallen
Nicht umsonst ist die Spirale ein Symbol für das Leben, für Entwicklung und Evolution. Und so wirken spiralige Schneckenhäuser auch entsprechend: Sie heilen durch den Impuls der Erneuerung.
*96 Seiten, durchgehend farbig, Paperback*

**Hinweis des Verlages**

Die Angaben in diesem Buch sind nach bestem Wissen und Gewissen zusammengestellt, und die beschriebenen Heilwirkungen der Steine und Massagen wurden vielfach erprobt. Da Menschen aber unterschiedlich reagieren, können Verlag und AutorInnen im Einzelfall keine Garantie für die Wirksamkeit oder Unbedenklichkeit der Anwendungen übernehmen. Bei ernsthaften gesundheitlichen Beschwerden wenden Sie sich bitte an Ihren Arzt oder Heilpraktiker.

1 2 3 4 5 6 7 8 9 10 11 12 13 14 15 12 11 10 09 08 07 06

*Schönheit durch Berühren*
Monika Grundmann, Michael Gienger

© Neue Erde Verlag GmbH 2006
Alle Rechte vorbehalten.

Titelseite:
Foto: Ines Blersch
Gestaltung: Dragon Design, GB

Fotos: Ines Blersch, Stuttgart
Assistenz: Jens Volle
Model: Alexandra
Haare/MakeUp: Petra Ucakar, Stuttgart
Casting: fischercasting.de, Stuttgart

Satz und Grafiken:
Dragon Design, GB
Gesetzt aus der Garamond Condensed

Gedruckt auf Ecotecno von Cartiere Marchi Spa
Gesamtherstellung: Legoprint, Lavis

Printed in Italy

**ISBN 3-89060-227-4**

NEUE ERDE GmbH
Cecilienstr. 29 · D-66111 Saarbrücken
Deutschland · Planet Erde
www.neueerde.de

Sie finden unsere Bücher in Ihrer Buchhandlung oder im Internet unter www.neueerde.de

Bücher suchen unter: **www.buchhandel.de**. (Hier finden Sie alle lieferbaren Bücher und eine Bestellmöglichkeit über eine Buchhandlung Ihrer Wahl.)

Bitte fordern Sie unser Gesamtverzeichnis an unter

NEUE ERDE GmbH
Cecilienstr. 29 · D-66111 Saarbrücken
Fax: 0681 390 41 02 · info@neueerde.de

NEUE ERDE